JN119360

対人援助職の仕事のルール

医療領域・福祉領域で働く人の
1歩め、2歩め

精神保健福祉士・公認心理師
野坂達志 著

tomi shobo
遠見書房

# はじめに

　いきなりですが，人は出会う人や物によって人生の展開が大きく変わります。それは家族（生い立ち）や仲間によってもありますが，就職後の出会いや生き方を決定させるような書物であったりするかもしれません。

　私の場合は，書物でいえば故中井久夫先生の『精神科治療の覚書』という一冊であり，人でいえば家族療法の師匠である東豊先生との出会いです。

　今から40年前になりますが，フロイド派の精神分析を学び，群馬県の単科の精神科病院で朝から晩まで面接をしていました。アパートに帰ると床に崩れるように2時間眠り，それから夕飯を作るような生活でした。自分の臨床にはある程度自信はありましたが，依存症の治療には精神分析だけでは時間がかかり過ぎ，患者の増加に対応し切れず申し訳なさを抱えていました。

　そんなある日，中井先生のご著書を読んで「ああ，そうだったのだ」と腑に落ちました。さらにその10年後，嗜癖問題の研修で偶然に東先生からスーパーバイズを受けました。それまで「家族療法」という言葉も聞いたことがない私が，「システムズアプローチ」の大家から教わったのですから，それはもう「目からうろこ」どころではありません。外敵の侵入を知った免疫細胞が一斉に動き出し，しばらくは茫然自失だったことを思い出します。

　しかし，その日を境に私の臨床は確かに変わったのです。昔から「何かを得るには，何かを捨てる必要がある」といいますし。

　さて前フリが長くなりましたが，何が言いたいかと言うと私は読者の皆さんの臨床に役立つ本が書きたかったということです。しかも分厚くなくて，手帳くらいのサイズで。困ったらすぐに取り出せて調べることが出来るような，そんな本が作りたかったのです。読者対象はもちろん誰でも歓迎なのですが，できれば道に迷っている

「医療や福祉領域で働く対人援助職」に読んで欲しい。特に福祉領域では個々が多忙ですから，事例検討会やスーパーバイズといった研修の磯会がない。あっても足りていないのではないでしようか。そう考えて中身は,「対人援助職のルール」「家族療法の援助技術」「精神科受診の勧め方」「自閉症スペクトラム障害」「連携のお作法」「地域医療の尊厳」「メンタルヘルス」「復職支援」「中途退職の前に知っておくこと」など多岐に渡ります。いささか「手帳」というサイズではなくなってしまいましたが，きっと役に立つところがあるはずです。本書が援助職の皆樣のお役に立ってくれることを願つています。

2023 年

野坂達志

# 目　次

対人援助職の仕事のルール

第1章

# 対人援助の「ルール」と「技法」

## ——初級コース

## 1　はじめに

　社会福祉士や精神保健福祉士，そして公認心理師等の「対人援助職」は，文字通り人を助ける仕事である。しかし，良かれと思った援助が意図に反し，相手を深く傷つけることもある。その辺りの読みの深さや丁寧さを，「AI（人工知能）カウンセリング」はどこまで再現できるのか，あるいは人を超えるのか，大変興味深い。

　昔は高級品であった寿司や洋服を，「回転寿司」や「ユニクロ」は見事に大衆化させ，成功を収めた。はたして「AI カウンセリング」はどうだろう。またプログラム化しやすい療法と，そうではない療法がありそうだ。さらに個々のセラピストの力量という要素を除外することで，療法と症状とのマッチングや「費用対効果」という研究もできそうだ。

　しかしこういう波が来る前に，対人援助職の「修行」について考えておくのも大切であろう。たとえば日本料理人（板前）の修業過程は，次の5段階，「①追い回し（下積み）」「②八寸場，盛り付け」「③焼き場，揚げ場」「④蒸し場，煮方」「⑤板場」だそうである。

　最初の「①追い回し」期間では，掃除，洗い物，野菜の下処理，一日の動きと年間の動きを知る，先輩たちの業務を知る，まかない作りをする，段取りを覚えることと課題は明確である。まずは，これらを1～2年かけて覚える。その上で料理長から許可が出れば「②八寸場，盛り付け」に進めるという仕組みである。

　では対人援助職において，これほど明確な修業課題が設定できる

かというと，教えるスタッフや現場によっては診療報酬等の兼ね合いからも不可能であろう。まして現在では，雑用を命じること自体が「ハラスメント」と言われる時代でもある。定年退職までの約40年間，保健師や精神保健福祉士，公認心理師などの新人教育に携わって感じたのは，一定期間の「追い回し（雑用）」期間を経て現場に立った支援者と，大学や専門学校での実習だけで現場に立った支援者では，その後の臨床上の「立ち居振る舞い」だけでなく，「レジリエンス（逆境を乗り超える力）」にも大きな違いがあることである。

## 2　技法以前のこと

### 1．倫理規定（掟）を知ろう

　私たちの生活は，法律・法令・規則・条例という，いわばルールによって守られている。また対人援助職の仕事にも，「すべきこと」と「してはならないこと」が規定されている。職種によってその「倫理規定」は若干違うものの，基本的な姿勢や振る舞い方はさほど変わらない。ここでは公認心理師の職業倫理を例に説明する（以下，→から下は著者の説明）。

　職業倫理の7原則（公認心理師）
　第1原則「相手を傷つけない，傷つける恐れがあることはしない」
　第2原則「十分な教育・訓練によって身につけた専門的な行動の範囲内で，相手の健康と福祉に寄与すること」→必要とされている知識・スキル・能力がない場合，自身の知識やスキルなどがその分野での規準を満たさない場合は心理職としての活動を行わず，他の専門家にリファー（紹介）する。
　第3原則「相手を利己的に利用しない」→多重関係は避けなければならない。またクライエントと物を売買してはならない。さらには物々交換や身体的接触を避ける。紹介する際には，クライエントに対して特定の機関に相談するよう勧めてはいけない。「多重関係」とは，セラピストとクライエントという関係以外に，別の関係を併せ持つことである。
　第4原則「一人ひとりを，人間として尊重する」
　第5原則「秘密を守る」→面接で知り得た情報を，「本人の同意な

し」で他者に開示してはならない。ただし次のパターンの場合には，「秘密保持」は適応されない。

1）クライアントが自殺を仄めかしたり，他者を傷つけたり殺害しようとする意図を感じた場合

　　この場合は秘密保持の原則は適応されず，相手や関係者，家族，警察に対し，クライアントの状態を伝え，注意をするよう警告する必要がある。しかし，これは最終手段であり，通常はクライアントを説得するか，医療機関へリファーすることを先に検討する。また判断の根拠を記録して残しておくことが，後々の問題が起きた時に重要になる。

2）法による定めがある場合

　　例えば児童虐待の防止等に関する法律には，虐待が疑われる場合に通告義務があるため，この場合，守秘義務より通告義務が優先される。

第6原則「インフォームド・コンセントで，自己決定権を尊重する」
　→十分に説明し，合意したことを行う。また拒否したことは行わない。そして記録を本人が見ることができるようにする。

第7原則「すべての人々を公平に扱い，社会的な正義と公正・平等の精神を具現する」→差別や嫌がらせを行なってはならない。また経済的理由等の理由によって，援助を拒否してはならない。さらに一人ひとりに合ったアセスメントや援助を行う。社会的な問題への介入も行う。


「多重関係」は，「二重関係」とも言う。具体的には，

・人事権を持つ上司が，部下のカウンセリングや助言を行うこと。
・クライエントや，その家族と恋愛関係や性的関係を持つこと。
・家族や親戚，友人のカウンセリングを行うこと。
・教員が，教えている生徒のカウンセリングを行うこと。
・クライエントから，報酬以外に贈り物をもらうこと。
・クライエントを，自分の主催するセミナー等に誘うこと。
・クライエントが経営または働いている店に，客として行くこと。

　インフォームド・コンセント（informed consent）は主に，医療分野で用いられる言葉である。具体的には投薬や手術などの医療行為を行う際に，患者が医師から十分な説明を受け，治療内容を理解した上で，自分の意思で，その方針に同意や拒否をすることであ

る。「説明と合意」と訳される。

　パターナリズム（paternalism）とは，強い立場にある人が，「弱い立場にある人の利益のため」として，本人に意志確認をせずに介入・干渉・支援をすることであり，医療や介護，製造技術分野などで使われる用語である。「父権主義」や「家父長主義」と言うこともある。今も医療のなかでは，医師は絶対的な権力を持つが，昔はさらに強者であり，患者もさらに弱者であった。そして意思決定の主導権は，医師にあった。「素人なのだから説明してもわからないでしょ。私に任せなさい」と言われ，患者は医師に従うことしかなかったのである。

## ２．秘密を守る（守秘義務）

　守秘義務（しゅひぎむ）とは，一定の職業や職務に従事する者や，従事していた者または契約の当事者に対して課せられる，職務上知った秘密を守るべきことや，個人情報を開示しないといった義務のことである。

　法令では公務員や医師，弁護士などに対し，職務上知り得た秘密を守秘することを義務づけている（国家公務員法 100 条，地方公務員法 34 条，刑法 134 条等）。職務の性質上，他人のプライバシーや公益（社会一般の利益のこと）と深くかかわることが多いからである。

　公務員の場合を例にとれば，職務上の秘密と職務上知り得た秘密が，その対象とされている。守秘義務違反に対しては，罰則が定められている（国家公務員法 109 条，地方公務員法 60 条，刑法 134 条）。専門職も同様の義務がある。

　個人情報保護法

　個人情報とは，生存する個人に関する情報で，氏名・生年月日・性別・年齢・住所・顔画像などの個人を識別できる情報や，他の情報と容易に照合することができて，それにより特定の個人を識別できるもの，または個人識別符号が含まれるものを言う。個人識別符号とは，指紋データや顔認識データのような身体的特徴をコンピュータに供するために変換した文字，番号，記号等の符号や，旅券番

号や運転免許証番号のように個人に割り振られた文字，番号，記号のことである。個人情報保護法は，これらを保護するための法律である。その中にはクレジットカード番号や，病歴や前科の有無等も含まれる。

　罰則については違反した場合に，おおむね半年から1年以下の懲役刑，もしくは30万円から50万円以下の罰金が科せられる。注意しなくてはならないのが，個人情報の盗用や個人情報保護委員会への虚偽報告以外に，個人情報の漏えいにも罰則が規定されていることである。たとえば「USBに個人情報を入れて持ち帰ろうとしたら，帰り道でうっかり紛失してしまった」という場合も，個人情報保護法違反となる。したがって個人情報を扱う際は，取り扱いに注意する必要がある。

- ・第三者に提供する場合は，あらかじめ本人の同意を得ることが必要である。
- ・本人以外，つまり家族は第三者と規定される。
- ・「要配慮個人情報」は，差別や偏見を受けないよう特に配慮を要するものである。それは患者の診療・調剤情報，健康診断結果，障害，犯罪で害を被ったこと等である。
- ・「匿名化」とは，個人情報から氏名・生年月日・住所・識別番号等を除去することである。
- ・医療機関の本人同意は，文書，口頭，電話でよいが，介護は文書による。
- ・学会での発表は，第三者提供になるので本人の同意が必要である。
- ・入院・入所している前提の面会で，病室を教えることは問題ではない。
- ・入院・入所の有無を含めた問い合わせは，問題となるのであらかじめ確認すること。
- ・家族に病状説明が必要ならば，範囲，方法，時期をあらかじめ確認すること。

## 3．「帰れ」と言われたら退去する
不退去罪

　不退去罪とは，住居などから「出ていけ」「帰れ」と要求されてい

ながら居座った場合に，罪が成立する犯罪である（刑法第130条）。NHKの集金人が「受信料を払ってくれ」と居座っていても，「帰ってくれ」と客が言った途端に退去するのは，この理由による。不退去罪の罰則は，「3年以下の懲役又は10万円以下の罰金」である。対人援助で，不退去罪を意識するのは，だいたい次のような場面だろう。対人援助職は言われる側にも言う側にもなりうる。

・周囲からの苦情により行政職員が訪問したところ，「帰れ！」と言われ110番される。
・相談支援で腹を立てた相手がクレームで来所。2時間かけて説明するも納得せず居座り続ける。

後者の場合にとるべき手順としては，

①まず「退去してくれ（帰れ）」と，明確に相手に要求する。
②それでも帰らなければ，「不退去罪で警察を呼ぶ」と，相手に知らせる。
③それでも帰らなければ，本当に110番をする。

ということになる。

## 4．「表ルール」と「裏ルール」

どこの職場にもあるのが「昔からの慣習」や，表には出てこない「裏ルール」がある。例えば「新人は30分前には出社し，職員のお茶を汲む」「昼休み当番は，新人がする」「少々の残業は申請しない」等である。これらは労働基準法的にはクロであるが，これらを「職場の常識」として育った世代からすると，これらをクロというほうの良識が疑われる。さてあなたならば次の行動をどう判断するであろうか。

・自分の手が空き，周囲が忙しい時は，「手伝えることは？」と尋ねる。
・朝は余裕をもって出勤し，始業時間5分前には着席，予定を確認

する。
・休憩室では，最後に出る人が部屋の灯りとエアコンのスイッチを切る。
・帰る時は，「お先に失礼します」と声をかける。
・職場の懇親会は業務命令ではないが，一次会までは参加する。

## 5．民法 770 条 1 項 4 号

　民法 770 条 1 項 4 号に法定離婚理由として，「配偶者が強度の精神病にかかり，回復の見込みがないとき」があげられる。この「精神病」とは，統合失調症や躁うつ病のことである。筆者の病院勤務時代には，こんなことがあった。「婿が精神病になった」と 40 歳くらいの男性が，60 歳を過ぎた義父に連れられて受診したのである。しかし問診にすべて付き添いの義父が答えるので違和感があった。そこで渋る義父に診察室から出ていただき，男性と 1 対 1 で話をした。すると家業は会社を経営していて，自分は婿養子。働きぶりの悪い婿に業を煮やした義父が離婚させようと画策したのが，精神科受診であったというわけである。

## 3　初歩の初歩

### 1．誰かの肩を持てば，他の人を敵に回す

　家族でも会社でも，誰かの肩を持つことは，その人のことを良く思っていない人を自動的に敵に回すことになる。また相談に一緒に来た人が，同一意見であることも稀である。つまり，あなたが父に共感を示した場合に，「意図せずに母を敵に回す」ことがあるかもしれず，また子どもの気持ちに寄り添ったコメントをあなたが発した場合に，「意図せずに同席している両親を敵に回す」こともあるかもしれない。

　このような場面では，双方の考え方の違いを丁寧に扱うのだが，初心者には極めて荷が重い。結局どちらかを怒らせるのがオチである。これを避けるには早めに上司や同僚に応援を頼み，「クライエント担当」と「家族担当」のように別々の担当者をつけるのがよい。

## ２．事実と，想像（解釈）を整理する

### 「事実」と「想像」を確認する

ある日のこと，「息子が私を殺そうとした」と，老いた母から電話相談があった。しかし詳しく聞くと，実際には素手で一回頭を軽く叩いただけであり，「殺してやる！」という発言もなかったことが判明した。つまり「殺そうとした」というのは，母親の恣意的（主観的で自分が思っただけ）な「解釈」ということになる。

同様に周囲の「奴ならやりかねない」が，「奴がやった！」という話に置き換わることも珍しくない。そこで援助者は情報収集する際は，「事実」と「憶測・解釈」の選別をしつつ話を進めていく必要がある。当たり前のことであるが，「殺そうとした」と「一回叩いた」では，その後の支援の方向性が全く違ってくる。

## ３．言葉の裏の意味を考える

言葉には，職業・学歴・年齢・身分・地域などで使用される頻度の違いがある。その一つが，「京ことば」である。千年以上続いた日本の都である京都は，大きく「町方ことば」と，「御所ことば（上流）」に分けられる。

京ことばの特徴は，「緩和した批判表現」と言われ，たとえば「お越しやす」は歓迎で，他方の「おいでやす」は歓迎していないことを伝えているという。その他にも，

- ・「考えときます」「また今度」　→気遣いしながらの「拒絶」。
- ・「よろしゅおすなあ」　→自分には関係ない，無関心という意味。
- ・「よろしいなあ」　→「良い」ではなく「どうでもいい」の意。
- ・「おおきに」　→「感謝」以外に，「ありがとう，でも結構です」。
- ・「堪忍して」　→「もうこれ以上堪えられない（最大級）」。
- ・「よう言わんわぁ」　→「返す言葉もない」という怒り，呆れ。
- ・「どないしはったん？」　→「気は確かですか」。
- ・「ぶぶづけ（お茶漬け）どうどす？」　→「そろそろ帰って！」

などがある。また一般的にも「お孫さんですか。元気な声が聞こえていましたね」→「うるさいよ。静かにさせろ！（の意）」とか，

「もう2杯目ですか，ゆっくりやりましょうよ」→「割り勘だから人より多く飲むと，周りの人が困る。空気読めよ（の意）」の場合もある。

## 4. 丁寧な説明が仇となる場合も——助言や課題は一度に一つ

　悩みがある場合には，睡眠障害，意欲の障害，思考障害，食欲不振等の症状が現れることがある。つまり時間をかけた相談や説得は，有難迷惑になることもある。

　たとえば「注意してください」のような曖昧な助言だと，それがどの場面を指すのかわからない。そこで「○○という行為をやめてください」と具体的に伝えたほうが理解しやすくなる。つまり「察してくれ」的な曖昧な言葉では伝わらないのである。

　例を挙げれば，精神疾患で障害年金を受給しているのだが，時々受診をしなくなる人がいたとする。その場合に「きちんと病院に行ってくださいよ」という声かけよりも，「勝手に受診を中断すると，先生に次回の診断書を書いてもらえません。そうなると年金が停まります。年金が入らないとタバコが買えませんよ（ジュースが買えませんよ）」と説明する。つまりその行為が，その人の暮らしにおいて，どう「メリット」や「デメリット」になるかを説明したほうが腑に落ちる。

　イライラや衝動性で，「待つ」ことが苦手な人の場合

　発達障害で多動性や衝動性が顕著な場合，精神疾患でイライラが強い場合には，「待つ」ことが大変苦手になる。こんな時の声かけは，「もう少しお待ちください」のような曖昧言葉ではなく，「あと20分お待ちください」や「3日以内に返事をします」のように，数字で待ち時間（目処）を具体的に説明するとよい。

## 5. 相談の最後には話を整理し，理解度を確認する

　発達障害や精神疾患の人は，作業や動作に必要な情報を一時的に記憶・処理する「ワーキングメモリ」の働きが弱いことが多い。つまり相談が長時間になると，メモリ容量を超えてしまう。つまり途

中から内容が頭に入らないので，「はい」と生返事を繰り返すか，苛立つという反応になる。そこで1回の相談時間は，せいぜい30〜50分とする。または精神疾患で通院中や入院中の人であれば，侵襲性を考慮してもっと少ないほうがいいだろう。侵襲とは薬物投与，手術，質問等で対象者の身体や精神に傷害や負担を生じさせるという意味である。

　理解の確認

　また私は面接の終わりに，「今日はたくさん話したので，最後に『まとめ』をさせてください。1つ目は○○で，2つ目は○○，3つ目は○○の話をしました。それで間違いないですか？」と確認することにしている。その際に「下を向く」「目が合わない」「頷かない」等の視線を外す行動があれば，記憶していないということだろうから，「お家に帰って，読んでください」と，箇条書きにしたメモを渡している。

## 6．相談に来た人が全員「ヤル気」とは限らない

　「子どもが不登校。姑や夫から相談に行けと言われたので母である自分が仕方なく相談に来た」ということもある。または「子どものことは学校に任せている。専門家で学校がどうにかできないことを素人の親に言われてもねえ」ということも実際にある。

## 7．早口はやめ，専門用語は使わない

　「早口で話されると，叱られている気持ちになる」という人がいる。また「行政用語，医学用語，業界用語で話されても，さっぱりわからない」という人もいる。

　（例）「キョウハナシタコトハ，チョウシャナイデ，キョウユウシマスノデシンパイアリマセン。モチロンシュヒギムハアリマスノデ，ソトニモレルコトハアリマセン。ソウムカ，フクシ，コドモタントウ，ホケンシ，ネウボラ，ジソウナドデ，キョウユウシ，レンケイシマス」。このように音声（ここではカタカナ表記）にすると，相手には伝わらないこともあることに気づけるだろう。ちなみに，ネウ

ボラはフィンランド語で，相談の場という意味だそうである。

声のかけ方
①笑顔，ゆっくり，優しい声，とがめない。
②声かけは必ず前に回ってからにする。
③後から声をかけると，驚いてパニックになる人もいる。
④ウロウロしている人には，『何かお手伝いすることがありますか』
　と，声をかけてみるとよい。

話の聞き方
①ゆっくり喋る人や，相手が考えている時は，言葉を挿まず待って
　みる。
②「言葉の内容」＋「言葉にならない部分」を，想像しながら話を
　聞いていくとよい。
③最初は「はい」「いいえ」で答えられる質問から始め，その後で
　徐々に流れを作っていくとよい。
④「コミュニケーションボード」を利用するという方法もある。
※知的障害や自閉症など自分の気持ちを言葉にできない，言葉が理
　解できない人がいる。その人にとっては，絵記号や写真を指差す
　だけで意志を伝えられる「コミュニケーションボード」は，便利
　な道具である（ネットで「コミュニケーションボード　フリー素
　材」で検索するといろいろと素材が手に入るだろう）。


## 8．料理も支援も，「空腹時」に提供する

料亭から学ぶ「支援」の秘訣

　料亭で出される料理はもちろん美味しいが，そこには美味しいも
のをさらに美味しく提供できるような工夫がある。その工夫は，支
援活動にも大いに参考になる。

①相手の好物や苦手，食物アレルギーを聞いておき，好物を提供す
　る（ニーズ把握と触れてはいけない話題など）。
②たとえ好物が食卓に出されても，満腹時は美味しくない（空腹は
　最高の調味料である。また提供するタイミングは大切である）。
③粗末な食器，雑な盛り付けでは味が落ちる（見映えは大切，どう
　盛り付けるかは板前の腕の見せ所である）。

④たとえ高級食材であっても下処理・下準備を怠れば，味が落ちる（ひと手間を惜しまないことである）。
⑤食事も課題も提案も「腹八分目」でやめておく（少し足りない程度で終ることが，次回に繋がる）。

初めに今日の「お品書き（メニュー）と，所要時間を伝える

　料亭やレストランでは，前菜は〇〇で，主菜（メインディッシュ）は〇〇で，食後のデザートは〇〇と教えてくれる。それにより，準備性（期待，食欲，配分）が高められる。このお品書きがなければ，「えっ，もう終わり？」とか，逆に「もうお腹いっぱい。デザートが食べられない」ということになる。

　このお品書きは，面接や講演でも有効である。まず「いったい何を聞かれる（話される）のだろう」という不安感が払拭できる。また休憩時間も「〇時〇分には，10分休憩を入れます」と冒頭でアナウンスすることで，休憩までの時間を集中して聞くことができる。

## 9．初回面接がその後を決定する──初回面接で尋ねること

　初回面接で肝心なポイントを見落とさない限り，「見立て」を大きく間違えることもないだろう。初回面接で最低限話すのは，次のとおりである。

①「暑いなか（忙しい時に）足を運んでいただき，ありがとうございます」
②「この問題は至急解決したいとお考えですか，それともゆっくり確実に解決したいとお考えですか？」
③「相談時間は〇分で，料金は〇円となります」
④「これまで，どんなところで相談を？」
⑤「そこでの助言は，どのようなものでしたか？」
⑥「また効果のあったこと，逆になかったことがあれば，教えていただけますか？」
⑦「これまで聞かれて嫌だったこと，不愉快だったことがあれば，教えていただけますか？」
⑧「ズバリ原因は何だとお考えですか，今の時点での？」

これは「ペースの確認」「効果のあったこと，なかったことの確認

（効果のあったことは続けて，効果のないことはやめるという意図）」「他に支援している人や組織の有無」「不愉快なことや触れてほしくない事柄の確認」等である。このことが時間とお金の節約だけでなく，無用なトラブルを回避することに繋がる。料理で言えば「下処理」「下ごしらえ」である。

## 10．わずかな変化を知る——差異に気づく

　わずかな変化を知るコツは，相手の差異に敏感になることである。例えば，頷き方，視線の合わせ方，表情，仕草，声の大きさ，トーン，服装，髪型，香水の変化に気づくことである。また最初と現在，前回と今回，家族と一緒の時と一人の時の変化の有無を観察する。そのためには最初に「普段」を知り，援助過程で生じる反応との違い（差異）を観察する必要がある。

## 11．感情を聴くと話は過去に戻る——感情を聴かず，共感は表情で伝える

　虐待や自殺企図，あるいは精神科入院など，危機管理上至急に方針を決定しなければならないことがある。その場合に家族や関係者から情報収集をするのだが，その時は感情を聴かず，起こっている行動を時系列に尋ねていくとよい。なぜなら感情を聴くと，話題が一気に過去に戻り始め，時系列が混乱するからである。そこで受容や共感は表情で伝えるだけにして，言葉では「何があったか（出来事）」を時系列で尋ねていく。その際の尋ね方は，

①「誰が？」「で？」「そのあとは？」「なるほど！」「すると？」「ご主人はそのことを？」
②「相談したのはどこに？」「そこでは，どんな助言を？」「その助言で効果があったこと，なかったことは？」

　スピードアップには，相手のペースに合わせるのではなく，こちらが質問し，それに答えてもらうという形での進行となる。

## 12．家族は加害者ではない，最大の協力者であるとの前提で

　虐待と思われる言動をしたり，他人事のように振る舞ったりする家族もいる。しかし最初からそうではなく，今まで一生懸命に考えつくことはやってきたけれど現在まで効果がなく，むしろこじれてきたことから学んだ「他人行儀」であったりすることがある。つまり「酷い家族」というより，「事態をこれ以上悪化させないための見映えの悪い工夫」あるいは「そうせざるを得ないほどの苦しみの中で生きてきた」という前提で接してみるとよい。これができると，家族と協働できる機会が巡ってくる。大切なのは，まず親に援助者が信用されることである。

## 13．担当者の足を引っ張る行為とは

　行政の虐待や子育て担当の部署は，保育士，社会福祉士，公認心理師，一般行政職などが一緒に働いている。いい意味でも悪い意味でも統一性がない。このように専門性が違うものが集まる部署では，同僚の指導や助言の意図がわからないことがある。そのため指導に不満を持ちやすく，担当者の悪口を来談者に話しがちである。しかも全く悪意がないので，余計に始末が悪い。具体的には次のような行為である。

　　①担当者の不在の時に，担当者の方針と違う助言を伝えてクライエントを混乱させてしまう。
　　②担当者の悪口をクライエントに伝える。その結果，担当者の信用を落としめる。
　　③担当者以上に親切にする。これはクライエントと担当者の信頼関係を揺るがせる行為である。
　　④担当者のプライバシーを喋る。個人的なことにクライエントの関心を向けさせることは反治療的となる。
　　⑤思いつきで支援する。担当者の見立て，支援計画に基づかない支援はクライエントを混乱させる。

　逆に担当者は，自分の不在時にクライエントからの電話・来所にどう接してもらいたいかを同僚に伝えておくのがよい。

## 14. 記述方法について

　チームで支援を行うと職種ごと，あるいは流派ごとに「大切な情報」「ポイント」が違うことがある。つまり他者の記録を読む度に，自分の欲しい情報が書かれていなくて苛立つことになる。こういう時は話し合い，「共通様式」を作るとよい。また作成する過程で互いの「大事に思っていること」を知ることになり，信頼関係構築にも役立つ。

①できるだけ客観的で，具体的で，わかりやすい言葉で記述するとよい。略語，専門用語は注意する。

②職種ごとに重要だと思う領域が違うので，話し合って「共通様式」を作っておく。作る過程が相互理解になる。

③その中では，相手が実際に喋ったことは「　」。こちらが思ったこと，解釈，推理は（　）と整理する。

④記録は 6W1H で（who 誰が，whom 誰に，what 何を，when いつ，where どこで，why なぜ，How どのように）。

⑤主語（誰が）を確認する。「誰が言った」「誰が思った」「誰が叱った」「誰が問題視した」など。

⑥専門用語を使うとき，大事な情報が抜け落ちる可能性がある。例「アダルトチルドレン」「ヤングケアラー」など。

## 4　おわりに

　本章は対人援助技術の「初級編」である。よって「倫理綱領」や「個人情報保護法」「相互作用」など内容は多岐にわたる結果となった。幅広いと言えば聞こえはいいが，まとまりに欠けたかもしれない。また「連携」や「地域医療」「尊厳」などの各論については，第3章以降に述べるので本章と第2章は，駆け足気味に全体像を紹介している。とはいっても「箇条書き」が多く，わかっている方には「チェックリスト」として機能しても，初学者の方には不親切だったかもしれぬ。その場合は，拙著『新訂 統合失調症とのつきあい方―対人援助職の仕事術』（金剛出版）を手にしていただくとよいと思われる。

# 第2章

# 家族療法の援助技術

## ——中級編

## 1　はじめに

　筆者は慢性的な肩凝りや腰痛持ちなので，時々「整体」「整骨院」「カイロ」等に行くことがある。そこで気がついたのは，流派ごとで随分と「症状／問題」に対してアプローチが違うことである。それを分類したのが，次である。

① 「直線思考型」:「肩が凝る」と言えば，ひたすら肩を揉み解す。この型は総じて「強もみ」である。
② 「円環思考型」:肩が凝るのは「他の部位（腕・腰・脚）や神経との相互作用」とし，周辺から緩めていく。
③ 「原因探求型」:「骨格の歪みが原因」として，ストレッチやポキポキ矯正をする。
④ 「スピリチュアル型」:整体に「気功」「宇宙」「瞑想」「不思議な石」等をフィーチャー（特色に）する。

　しかし巷の多くの「支援」も，上記の型に分類可能であり，それが何とも気にかかる。

## 2　心理抵抗を減らす「抵抗操作」

　抵抗操作とは，相手に無意識に起こる心理抵抗を，こちらが先に言語化することで減らすというテクニックである。たとえば，

・「そろそろ私の講演も聞き飽きてきましたね？　あと30分で終わりますから，どうかご辛抱を」
・「今日の講演，前も聞いたことあると思われた方，その通りです。

でも後半は新ネタもあります」
・「こんな若い相談員で心配になったでしょ？　でも人の倍は勉強してきましたから，どうかご安心を」
・「（黒板に板書前に）字が汚くてすいません。読みにくかったら言ってください。何度でも書き直します」


## １．イエス・セットから始める

　人には，「毎回，言うことが違うなあ」と相手に思われないように，行動・信念・態度などを一貫させたいという心理がある。これが「一貫性の法則」である。その心理を利用して，最初に３つ「相手が絶対イエス（はい）としか答えられない質問」をしてから本題に入ると，相手が「イエス」と言う確率が高くなる。ただ質問を５回も10回も続けたのでは，さすがに怪しまれる。３回程度でやめておくのがよい。


　誰でも「イエス」と言う質問
・「（夏の暑い日に）暑くなりましたね」→『はい』
・「（金曜日に）今週も終わりですね」→『はい』
・「（快晴の日に）良い天気ですね」→『はい』

　すでに両者に合意があり，「イエス」と返すしかない質問
・「職場は○○病院でしたね」→『はい』
・「その住所の最寄り駅は，○○駅になりますか？」→『はい』
・「病院の前に，たしか中華料理屋がありますよね？」→『はい』


## ２．疑義は，その都度解く

　講演では，最後に質問を一括で受ける設定が多いと思われる。しかし，人は途中で「おかしい」「本当だろうか？」と疑義が生じると，それ以降の話が頭に入らないものである。そこで次のテーマに移る前に質問に答えておき，疑義を解いておくのがよい。また幾つかの学説がある場合には，「一方，他の学説ではこういうものもありますが，最新の情報では本日お話しする内容が有力なので，本日はこち

らを紹介させていただきました」と，疑義をただしておく。

## 3．構成（順番）を変えれば意味が変わる

　人は，言葉の後半（直近）に影響を受けやすい。それを利用して言葉に強く意味を持たせたい時には，前半ではなく後半に「強調したい言葉」を持って来るとよい。

薔薇
A「痛い！　何で綺麗な花を咲かせるのに，恐ろしいトゲがあるのかなあ！」
B「こんなトゲのあるツルなのに，綺麗な花が咲いているねえ」

看護師の副業
A「あの娘は仕事が終わったら，夜は水商売しているのだって」
B「あの娘は夜に水商売しているけれど，昼間は看護師しているのだって」

医師のインフォームド・コンセント
A「この薬はよく効くけれど，副作用があります」
B「この薬は，副作用はあるけれど，よく効きます」

食レポ
A「この担々麺は旨いけれど，辛い」
B「この担々麺は，辛いけれど，旨い」

## 4．強弱をつける

　相手が「問題」よりも「解決」を語るときに，共感的応答やオウム返しを使って強調する。具体的には「うまくいっていること」や「良くなったこと」に，一段と大きく反応してストーリーを変更する。

患者：「先生，お腹が痛いです」
医師：「そうですか。お腹が痛いですか。おつらいですね」

と「痛い」に反応するより，

医師：「それでお腹が痛いのは，今は？」と聞く。そして
患者：「少しマシになりました」という返事を引き出してから
医師：「そうですか。少しマシになりましたか。それは良かったです
　　　ね」

と，後半に強く反応する。


## ５．ストーリーを変える

　ストーリー（物語）を変えれば，「失敗」を「成功」に，「駄目な
奴」を「才能がある奴」に変えることができる。その方法は，「この
ような状況で，どうやってなんとか乗り切ってきたのか」というこ
とに，セラピストが強く関心を持ち，会話をそのこと中心に組み立
てることである。

　〈例１〉
　　子どもが「勉強ができない，母親に叱られてばかりで憂うつです」
　と相談員に言った。
　　相談員は「そんなこと言わずに頑張りな」と慰めた。しかし，子
　どもの気持ちは，「頑張れたら愚痴言わないよ」と不満が残った。（こ
　れは失敗例）

　〈例２〉
　　子どもが「勉強ができない，母親に叱られてばかりで憂うつです」
　と相談員に言った。
　　相談員は「それはつらいね。そんな状況なのに，なんとか今日ま
　でやってこられたというのは，なぜ？　どうやって？」と尋ねた。
　　すると，
　子ども：「なぜかな。部屋にこもって，ヘッドフォンで『あいみょん』
　　　を聞くことが多いかも。そうすると気分が楽に」
　相談員：「『あいみょん』いいよね。へえー，うまいこと乗り切るね
　　　え」（これは成功例）


　というように厳しい状況でも自分でいろいろ工夫して乗り切って
いることに感心し，その工夫に関心を寄せると，「勉強のできない自

分，悲惨な環境」というストーリーが，「勉強はできない，悲惨な環境ではあるけれど，それでも何とか乗り切っている。だから今後もそうやって乗り切れる力が自分にはあるかも」と思えてくる。

## 6．リフレーミング（枠組みを変える）

　リフレーミング（reframing）は，心理学の一種である神経言語プログラミングや，システムズアプローチにおいて使われるテクニックの1つである。リフレーミングのリ（re）は，「再び」という意味，フレーム（frame）は「枠・額縁」という意味である。目の前の風景（問題）に，新たな「枠（物の見方，考え方）」を付け替えれば，全く違う風景になるように，「問題」の見方を変化させるという技法である。例えば，

　①「レストランでメニューを決められない，優柔不断」を→「妥協せず納得いくまで考えるタイプ」とリフレーム。
　②「仕事で失敗した，本当に私は間抜けでドジ」を→「でも次は同じ失敗はしない。良い経験だ」とリフレーム。
　③「同僚の声は大きくて，耳障りだ。静かにしろ」を→「でも避難誘導の時には大声で，役に立つ」とリフレーム。
　④「親が厳しかったから引っ込み思案になった」を→「厳しい親を持つ子どもの気持ちがわかる」とリフレーム。
　⑤「イヌの糞踏んだ。ついてない」を→「でもイヌだからまだいい。馬や牛なら大変だ」とリフレーム。

## 7．システムズアプローチの基本的なモノの見方

　一般的なモノの見方（直線的思考）

　「親の愛情不足（原因）のせいで，子どもが気を引くために万引きした（結果）」という「原因−結果」の考え方を直線的思考と言う。しかし，この直線的思考モデルが成立するのは主に感染症などで，①原因と問題の因果関係が証明できる，②その原因が取り除かれれば，解決に至ることが証明できる，③原因を取り除くことができる，の3要件を満たす必要がある。しかし，心理的問題において「何か一つだけが原因（原因の特定）」ということはない。そこでシ

ステムズアプローチでは，次の「円環的思考」が採用される。

円環的思考のモノの見方

「あの店は値段が高い（原因）から，客が寄りつかない（結果）」と誰かが言ったとする。しかし「客が寄りつかない（原因）から，値段が下げられない（結果）」ということだったかも知れない。

また別の例では，「子どもが起きない（原因）ので，やむなく起こして母が学校に送っている（結果）」という家があった。しかし，「母が起こして学校に送っていく（原因）ので，子どもは安心して寝坊ができている（結果）」という見方も可能である。さらには「うちの課長，超ワンマンだから（原因），周囲はピリピリして大変（結果）」という部署がある。しかし，これも「周囲が課長のワンマンを許すから（原因），課長は超ワンマンになった（結果）のでは？」とも言えるのである。


## 8．ジョイニング

ジョイニングとは，問題解決システムに治療者（支援者）が受け入れてもらうことをいう（Minchin, 1974）。簡単に言えば，どうしたらコミュニケーションの輪の中に安全に素早く入れるか，信頼関係を構築できるのか，その振る舞い方のことである。カウンセリングや支援には，さまざまな流派や考え方があるが，効果的な支援を行うには，「信頼関係づくり」が欠かせない。しかし，カウンセラーがいくら受容・共感を示したとしても，クライエントに「まったく理解してくれないカウンセラーだ」と映れば，それが「事実」となる。

相手の雰囲気や家風に合わせる

相手の話に傾聴しつつ，その言葉，感じ方，価値観に自分も合わせてみる。お上品な人にはお上品に，ぶっきらぼうの人にはぶっきらぼうに，野球好きの人には野球好きのように，江戸っ子の人には江戸っ子のように振る舞うのである。

褒める

店員の「お似合いです」の一言で，つい洋服を買ってしまうよう

に，褒め言葉は人の心を動かす力がある。そのことを「褒め言葉は，人を変化の入り口に立たせる」と，表現したセラピストもいる。しかし褒めてほしいポイントとその量は，人それぞれなので「さじ加減」が大切になる。

　興味がある話をする

　まずは雑談をして，お互いの緊張を緩めるとよい。趣味も食事も基本的に「好物」であるから，自然と話が弾むはずである。その後で本題に入るわけである。

　相手と同じ姿勢・動作をする

　世の中には「生理的に苦手」，あるいは「見るだけで腹が立つ」という人がいる。そういった人とも関係性を維持しなければならない時に，結構これが役に立つ。その方法は表面上，合わせ鏡のように相手と自分の動きを合わせるというものである。相手が暑がっていれば自分も暑がるフリをする，足を組めばこちらも足を組む。このように同じ動作をすることで，不思議と「心が通い合う」感覚になるから不思議である。しかし，あくまでも悟られないよう，自然な動きで合わせるのがポイントである。

　呼吸や動作，声の調子を合わせる（ペーシング）

　ラポールを作るために呼吸，動作，スピード，リズム，声のトーンを相手に合わせることを，ペーシング（ペースを合わせるの意）と言う。相手が自分と同じペースで呼吸をしている時，安心感や共にいる感覚が生まれる。悩んでいる人，落ち込んでいる人，怒っている人は，呼吸が早く浅くなるものである。

　話の内容に合わせる

　相手が問題視している事柄に，とりあえず自分も問題視しているフリをする。ただし「第1章」で書いたように，家族や職場のように人が複数集まる場所において，特定の人に合わせることは，それ以外の人を敵に回す可能性があることを忘れてはならない。一人ひとりがどんな考え方を持っているかを探り，その共通項に意見を合わせるか，頷きながら中立性を意識するとよい。

　相手の言葉を繰り返す（バックトラッキング）

　コミュニケーションで大切なことは，相手の話を全身全霊で聴くことである。ただし，これは相手が「しっかり聴いてくれている」と感じてもらわないと意味がない。そのためには相手の言葉のキーワードを拾い，相槌のように返すと効果的になる。それがバックトラッキングである。例えばこんな感じ。

　　相手：「昨日は久しぶりに中華を食べに行きました」
　　自分：「どちらに？」（※「家族で？」「中華を？」「久しぶりってどれくらい？」など幾つもワードはあるが，ここでは「場所」を選択する）
　　相手：「中華街の○○軒です」
　　自分：「ああ知っています。有名ですよね。で何を食べました？」
　　相手：「フルコースです」
　　自分：「ええ，フルコース，そりゃ豪勢だ」
　　相手：「はい，久しぶりだったのでテンション上がってしまいました」
　　自分：「そんなに久しぶりだったのですか？」

　相手のルールやパターンに合わせる
　これが，ジョイニングにおいての最も重要で効果的な方法である。具体的には，「相談の申し込みは誰が行って」，（家族と一緒の相談の場合は）「相談室に誰が最初に入室して」「誰が家族を紹介して」「誰が先に椅子に腰を下ろして」「誰が『問題』の説明をして」，それについて「誰が異議を唱えて」，気まずくなると「誰が雰囲気を和らげて」代弁するのか。そういったその家「特有のルール」を観察し，そのルールやパターンにこちらも従うのである。しかし通常は，今まさに話している相手家族の「話す内容」と「表情・仕草」を観察することで精一杯であろう。つまりこういった振る舞いの「順序」まで観察できるようであれば，上級者である。しかし，ジョイニングを確実に行うには，これが欠かせない。

## 9．相手の優先感覚を探り，それに合わせる
　相手の優先感覚に合わせた言葉を使う
　人には，「視覚優先」「聴覚優先」「体感覚優先」の優先感覚がある

とされる。例えば「私の彼，イケメンだから好き（視覚優先）」「私の彼，いい声なので好き（聴覚優先）」「私の彼，気が合うから好き（体感覚優先）」。このように，人を好きになるツボは，人それぞれで違うものである。短期間に信頼関係を構築したい時には，相手の優先感覚に合わせてアプローチするとよい。

　筆者は，この10数年というもの行政の新人研修を担当している。そこで初日に次のような実技研修（ロールプレイ）を行っている。

　私：「皆さんが自分の優先感覚を知り，また相手の優先感覚に合わせた会話ができるようになれば，接遇技術は格段に向上します。では最初に自分の優先感覚を調べてみましょう。これは正解や不正解はありませんから，隣の席の人と全く同じ答えになっても言い換える必要はありません。人の答えは覚えなくてもいいですが，自分が何を言ったのかはメモしておいて下さい」
　私：「日本には，四季がありますね，私が四季のない国からやってきた人だと思って，冬をできるだけ簡単に説明してください」
　（と順番にひとり一人に尋ねる。すると，）
　Aさん：「冬は，辺り一面が雪で真っ白です（視覚優先）」
　Bさん：「冬はびゅうびゅうと北風がふき，雪が積もれば無音の世界（聴覚）」
　Cさん：「冬は寒くて，コタツやストーブで暖をとります（体感覚）」

　といった具合に，それぞれが自分の優先感覚で説明をする。もちろん中には「冬は寒い季節で，雪が降ると辺りは銀世界，そして鍋物が美味しい季節です（視覚＋味覚＋体感覚）」のようにバランスよく伝える人もいる。さらに次の質問だと，もっとわかりやすい。

　私：「雷というものを私は知らないので，説明してください」
　Aさん：「ピカッと光るのが雷です（視覚優先）」
　Bさん：「雷はゴロゴロ，ドーンと凄い音がします（聴覚優先）」
　Cさん：「雷は，ものすごく怖い大気現象です（体感覚優先）」

　だいたいこのように，その人の優先感覚により説明は見事に分かれる。こういった訓練によって，何気ない声かけの精度が向上する。

　ある病院で看護師さんが，朝の検温と血圧測定で患者さんの病室を訪れた。

　患者さん：「看護師さん，おはよう。昨晩，雷が鳴っていたね？」

　この場合，単に「雷が鳴っていた」という事実だけを看護師に伝えた可能性もあるが，病院に入院という苦しい状況で，しかも相手は看護師という関係性を考慮すると，「昨晩，雷が鳴って，ピカピカ光るし，眠れなかったよ」という不安を訴えたのだと理解するのが自然だろう。とすれば，

　看護師：「はい，昨日は雷がよく鳴っていましたね」

とだけ返したのでは，不安な気持ちを汲んでいないコメントになる。そこで，

　看護師：「はい，ピカピカ，ゴロゴロ，ドーンだから，不安でよく眠
　　れなかったのではありませんか？」

と３つの要素を一緒に返し，まずは反応を見る。すると，

　患者さん：「はい，ピカピカは気にならなかったけど，音が凄くて眠
　　れなかったよ」

あるいは，

　患者さん：「はい，音は気にならないけど，何か不安になってね，眠
　　れなかったよ」

と，「眠れなかった」とか「怖かった」「不安だった」という言葉が引き出せるかもしれない。それを聞いた後で「他の患者さんも睡眠不足だとおっしゃっていますよ。今日は早めに休まれては？」と話を繋ぐことができる。

　こうやって「春」「夏」「秋」とお題を変え，自分と相手の優先感

覚を探るというワークを実施する。また現場においては,「相手の優先感覚」に合わせる工夫として, 次を試してみてはどうだろう。

① 「映像や表, グラフなどの視覚で物事を理解するタイプ」には, 図・グラフ・紙芝居で示してみる。
② 「声, 音声で理解するタイプ」には, ゆっくり, 低めの声, 聞き取れる音量で話しかけてみる。
③ 「暑い, 寒い, 面白いという体感覚優先タイプ」には, そういう言葉を会話に多く取り入れてみる。

## 10. コミュニケーションは相手中心

### クルマの無灯火運転

　クルマを運転していると, ヒヤリとする場面に時々出遭う。たとえば「①路地からのクルマの飛び出し」「②合図を出さない車線変更」「③夕暮時の無灯火運転」等である。しかし, 本人たちには違反しているという意識は全くない。実はヘッドライト点灯もウインカーも, 自分のためだけに使うものではない。周りの歩行者, 自転車に対しての注意喚起という目的があるのである。若手のカウンセラーの逐語を見ると, 来談者を怒らせてドロップアウト (治療を中断) が起こったと思える内容なのだが, 当の若手は「回復したから治療に来なくなったのだ」と, 成功例としてカウントしていることがある。本当に困ったものである。

## 11. 「本人の困り事」と,「周囲の困り事」を混同しない

### 誰が何を困っているのか

　援助活動を行う際は, 最初にそれが「本人の困り事」なのか, あるいは「周囲の困り事」なのかを確実に選別しなくてはならない。例えば「子どもが不登校で困っている」と, 家族から相談があったとする。しかし, 困っているのは「子ども」とは限らない。例えば,

① 「学校に行きたいけど (いじめられるので) 行けない」と, 子どもが困っている。

②本人は家で一日中ゲームをして楽しい。しかし，「このままでは
　先々が」と，親が困っている。
③本人も親も全く困っていない。そこで業を煮やした担任が親に説
　教した。つまり担任が困っている。

　他にも「父親は困っていないけど，母親が困っている」とか，「両
親も本人も困っていないが，同居の祖母が元教員で，親の躾が悪い
と両親を連日叱るので，祖母も両親も困っている」とか，「母親は家
計を助けるためにパートで働いていたのだが，子どもが不登校にな
りパートをやめる羽目になった。そのため住宅ローンが滞り，家を
手放すことになったので，両親が困っている」等など，いろいろな
事情がある。当たり前なのだが，困っていない人を支援しても始ま
らない。

## 12. 援助の方向性と量を揃える

　社会資源とは，問題解決に活用される「人・物・制度」などの総
称である。社会福祉関係者は，できるだけ多くの「社会資源」を対
象者の周辺に並べ，それを図にすることがある。なるほど「支援」
の可視化であるが，実は支援者が増えれば増えるだけ，足並みが揃
わないということが起こりやすい。

　なぜかというと「解決法」は，機関ごと，個人ごとに見事に違う
ため，「船頭多くして船山に登る」になるのである。加えてクライ
エントは，支援者間の考えの違いや不仲に極めて敏感である。それ
で「板挟み」になって苦しみ，病状悪化をきたすことが珍しくない。
誰かが「リーダー」や「監督」となって，援助のベクトル（方向性
と量）を揃える必要がある。

## 13. 場所や時間，同席者で，話す内容は一変する

　事態が進展しないときは，「場所・時間・頻度・人」を変えてみる
　訪問しても本人が喋らず，毎回母親や祖母が代弁するというパタ
ーンがある。そういう時には「今日は息子（孫）さんと 2 人だけで
話をさせてもらっていいですか？」と許可を得て，個別に話をして

みるとよい。または，わざと母親や祖母のいない時間を見計らって訪問し，その時の反応を見てもよい。すると「絶対無口」なはずの本人が，母親や祖母がいない場面では，自分の気持ちを生き生きと話すことがある。

## 14．立つ瀬を残す
　プライドを傷つけない

　立つ瀬がないとは，「瀬（川の中の流れが緩やかで水深の浅い場所）」がないということである。転じて「面目ない」「立場がない」という意味になる。つまり立つ瀬を残すとは，人に注意や指導をする時に，頭ごなしに叱らずに，逃げ道を残すとか，結果だけではなく努力の過程を認めるということである。筆者は新人保健師対象の研修では，このことに特に力を注いでいる。特に「健康教育」や「健康診断（健診）」は，行政サービスという性質上からも上から「正論」を言う傾向が強い。また「立つ瀬を残す」という距離感を保つには，次のことを意識するとよい。

①どの人にも，どの家族にも彼らなりの事情がある。その事情と苦しみは，私たちにはわからないことがある。
②そして彼らなりの「解決努力」は，すでに行われてきた。
③しかし残念なことに，現在まで満足な結果が得られていない。
④むしろ間違った解決努力が，問題を維持させている原因なのかもしれない。
⑤相手を責めるより，効果的な解決方法を提示できない責任は，我々にもあるだろう。

## 15．声かけや指示は，曖昧ではなく具体的に
　クライエントは認知機能の働きが低下していることもあり，「匂わせ」「ほのめかし」の助言では通じないことが多い。つまり感情を込めず（怒らず）取るべき適正な行動を教えたほうがお互い助かることが多い。

「ちょっと待って」⇒（ではなく）⇒「明日の昼まで待って」（曖昧をやめて具体的に）

「自転車は危ないからダメ」⇒「怪我して病院に行くと，小遣いなくなるよ」（損得で意識づけ）

「だから気をつけろと言ったでしょ」⇒「どうしたら防げた？」（スキルの確認）

「病院に，ちゃんと行っている？」⇒「最近，病院の先生は，何か言っている？」（質問を変える）

「困ったら電話してね」⇒「不在なら○○さんに伝えといて」（変更の可能性とその対処）

「なぜタバコをやめたの？」⇒「どうやってタバコをやめたの？」（スキルの確認）

「気をつけてね」⇒「このパターンって前もなかった？」（再燃パターンの自覚と対処）


## 16. 現実は，会話（質問）で作られる

　援助者が，クライエントの語る「何に」関心を持つかということが，クライエントにそれを多く語らせる。そして多くを語ったものが，クライエントの「現実」として構成されていく。これが「社会構成主義」の考え方である。たとえばコロナ禍では，あらゆる愚痴や嘆きや失望が職場や家庭で何十回も語られ，語り直されることで「現実」を作っている（もちろん報道の力は圧倒的だが……）。こんな時，皆さんならどのような質問をするだろうか。

　　相談者：「円安，新型コロナ，戦争。いつ失業するか，いつ戦争が日本で起こるかと考えたら憂うつでね」
　　①「今は，どこでも誰でも，そういう気持ちになるよね」（一般化する）
　　②「失業が心配になって，今から転職を考えたりしているの？」（目標を変更する）
　　③「今の会社は何年働いた？　主に何を学ばせてもらったの？」（キャリア・資源に焦点をあてる）
　　④「家族のことを考えたら，誰でも憂うつになるよね。特に責任感が強い人は」（憂うつの意味を変える）
　　⑤「具体的には，いつごろから憂うつを感じるようになったの？」

（一段下げる）

⑥「でもゼロ金利をやめるとか聞くし，観光地もお客さん戻り始めたというじゃない」（一段上に上げる）

⑦「人生いい時も悪い時もあるよ」（悪いことは長くは続かないという時間枠の提示）

⑧「じゃあ今は憂うつだけど，頑張り時でもあるのかなあ」（積極的に目標にする）

⑨「朝の来ない夜はない。春の来ない冬はないとはいうけど」（辛抱したほうがいいとメタファーで示唆）

このようにいくつもの質問をすることで，「現実」の再構成を促すことが可能になる。

## 17．いろいろな質問法

原因を個人の人格，遺伝，思考傾向に求めるのが個人療法。そのように振る舞わざるを得ないシステムが問題だと考えるのが家族療法と言えるかもしれない。ゆえに質問も原因追及より，スキル確認の質問が多くなる。

①話を前に進めたい時の質問「それで？」「それから？」「で？」「すると？」

②具体化する質問「○○ということですが，具体的には？」「例えば？」「もう少し詳しく？」

③仮定の話にして思考を緩め，未来を想像させる質問「万が一，問題が解決したら何が起こりますか？」

④思考の限界を外す質問「根本解決はなくても現状から1センチだけ良い方向に向けるなら何ができる？」

⑤過去から未来に意識を向ける質問「では今，すべきことは？」「また同じことがあったらどうしますか？」

⑥数値化する質問（スケーリング・クエスチョン）
「今日，面接前の状態を10点満点の3点としたら，1時間後の今は？」「復帰可能が6点だとしたら，3点の今に何が不足していると思う？」「たとえば，今抱えている仕事を誰かに替わってもらい，残業免除になったら何点？」「今日で休暇に入って1カ月だけど，1カ月前を2点として，今何点？」「何が回復に効いたの？」

⑦リスク回避の質問（想像させる）「それを行うとメリットは何で，デメリットは何？」「訪問が長引くとどうなる？」

⑧主観から客観に戻らせる質問「何があなたにそう判断させたの？」「どこの部分が悪かったのかな？」

⑨ネガティブ思考から抜け出す質問「絶対失敗するという根拠は？」「これまで何とかなった経験は？」

⑩視点を変えさせる質問「自分と同じ状況の人には，どう声をかける？」「もしあなたが親ならばどうする？」

⑪行動を促す質問「いろいろ言いたいことはあるでしょうが，今一番すべきことは何ですか？」

⑫スキル確認の質問「どうやってタバコをやめることができたの？」

⑬解決スキルを確認する質問「困った時に，いったい何が助けになったの？」

⑭目標を作る質問「娘さんが嘘をつく代わりにどうなって欲しいのですか？」

⑮スケーリング・クエスチョン「最高を 10 点，最悪を 0 点としたら今は何点？」「あと 3 点増やすにはどうすれば？」

⑯コーピング・クエスチョン「よくこんな状況で，やってこられましたね」「どうやって乗り越えてきたのですか？」

⑰例外探索「頭が痛いとおっしゃったけど，まあまあの日ってありますか？」

⑱能力を明らかにする質問「それができたことをどう思いました？」

⑲例外を導く質問「これを繰り返すには何が必要ですか？」

⑳解決スキルを確認する質問「困った時に，何が助けになりましたか？」

## 18. その他の質問や介入

　ブリーフセラピー（短期療法）は，現状を変化させることを重視する。そのため意図的に，「意外な質問」や「混乱させる質問」をする場合がある。

①家族の誰が門番なのかを探る質問「どなたからでもいいので，お困り事をお聞かせくださいますか？」

②メタファー（比喩）「つらいだろうけど，一番暗いのは夜明け前というのを知っていますか？」

③回帰的質問「息子さんの問題を，お父さんはどう考えられている

と，お母さんは思いますか？」

④対人相互作用の質問「彼が落ち込んでいるとき，お父さんは何を しますか？」

⑤差異に着目した質問「問題がなくなったとしたら，今と何が違っ てきますか？」

⑥ある行為を前提とした質問「今日学校から帰ったら，どこいく？ （行くことが前提）」

⑦リフレーム（枠組み変更）「育て方は問題ない。これは甘えの裏返 しの気がします」

⑧パラドクス（逆説）「（期限をつけて）注意や説教，片付けをやめ， そのままでいてください」

⑨スケールを変える「予想以上の変化です」「何か雰囲気が変わった けど？」

⑩行為を変える「お父さんが，びっくりするような出来事は？　そ れできる？」

⑪逆説処方「（不眠で悩む人に）眠ってはいけません」。起きていた ら自己統制。眠ったら不眠解消。

⑫儀式の処方「怠け虫を画用紙に描いて，『出て行って！』とみんな で踏みつけて……」

⑬苦行の処方「酒 1 杯ごとに腕立て 30 回」（その問題行動を続ける より，さらに難儀な行動をさせる）


## 19．支援の勘所

　良かれと思って行ったことが，それが裏目に出ることがある。ま た支援には勘所があり，まずはそれを覚えておくことが失敗を減ら す助けになるかもしれない。


①家族支援は子どもの側につかず，親が子どもにしようとしている ことを支援するという立場につくのが上手く行く。

②そして親に教えるという立場をとらず，「どうしたらいい？」と親 に聞くのがよい。これ自体が強力な家族療法となる。

③親のモチベーションを上げるには，「一番の専門家は親」というス タンスをこちらがとることである。

④物事は相互作用である。こちらが解決策を教えれば教えるだけ 「親」のモチベーションは結果的に下がっていく。

⑤たとえひどい親であっても，「最善のことをやってきた」「こうさ

せた何かがある」と考えてみることは有用である。

⑥「お子さんは学校でこんなに活躍しています」と親に教えることは，親に「知らないの？」と恥をかかせることである。

⑦周囲から聞いた情報を「〇〇なのだって？」とクライエントに使わない。監視されていると思わせ警戒されてしまう。

⑧問題行動は性格（人格）が原因ではなく，対処方法（行動）が未熟と考えるほうが建設的である。

⑨援助は多職種の連携，協働で効果的となるので，多職種の考え方の癖を知ることは最も大切である。

⑩怒らせたらすぐに謝ることが大切である。言い訳はしない。

⑪非論理的であっても相手の物の見方が現実である。相手の土俵で解決を探すしかない。

⑫好ましい関係はモチベーションを高め，変化を受け入れやすくする。だからこそジョイニングが大切なのである。

⑬相手に「なんとなくうまくいっているかも」と思わせる聞き方の一つは，「どうやって乗り越えた？」

⑭相手が使う言い回しはそのまま使うとよい。「シバく」「えげつない」などを言い直すとニュアンスが違ってしまう。

⑮その考え方が困らせている原因だとしても，相手を支えてきたという側面もある。矯正をしないのが得策である。

⑯議論では相手の気持ちは変えられない。議論はしないほうがよい。

⑰「説得」より「納得」を考える。

## 3 おわりに

　本章は「家族療法の援助技術」の中級である。援助技術も高級霜降り牛肉も実際に体験しなければわからない。言葉でいくら伝えようと思っても，その人の経験の中に高級霜降り牛肉を食べたことがなければ，経験から引っ張りだせないのである。ではこのような書籍はまったく無駄なのかというと，決してそうではない。さらに師匠である東豊教授が，『マンガでわかる家族療法』（日本評論社）を続けて上梓されているのだが，表情や視線，内面の語りがあるマンガと，文字だけのテキストとは伝える情報量がまるで違う。わかりやすく，読みやすい。このことからも日常の臨床において「図」「写真」「グラフ」がいかに有効なのかもわかる。

第 3 章

# 統合失調症スペクトラム障害の症状とケア

## 1　はじめに

　一昨年，ある男性患者さんが自殺した。20 代で統合失調症スペクトラム障害を発症し，10 数回入退院を繰り返し，40 歳ごろに筆者が担当して単身でアパート生活を始めた人であった。自殺理由は，65 歳を過ぎて高齢者の介護施設に入所したものの，この病気特有の対人関係の偏狭さが災いし，他の入居者や職員から問題視され，再び精神科病院に戻ることを求められたことによるものだった。

　このように地域や施設内で「処遇困難」と判断されてしまうと，医学的には重篤でなくても「入院が必要な精神病患者」に仕立てられてしまうことがある。精神科において多くの「社会的入院」が存在する理由の一つは，実はこういったこともある。

## 2　統合失調症スペクトラム障害（統合失調症）の基礎知識

　要点は次のとおりである。

### 1．発症年齢

　15 〜 45 歳くらいの，比較的若い世代に発症しやすい病気である。

### 2．発病率

　地域や男女の違いでほとんど差がなく，約 120 人に 1 人は統合失調症スペクトラム障害になる可能性がある。

### 3．予後（たどる経過）

　以前は荒廃に至ると考えられていたが，調査や研究によると回復せず重度の障害に陥る人は，14 〜 24％であり，つまり 4 分の 3 は，程度の違いはあるが回復または改善する。一般的に，初発年齢が若い人ほど予後は悪い。予後が良いのは，「1 カ月前までは普通に」といわれるような急激な発病，あるいは早期の発見である。また投薬は，早ければ早いほど予後はよい。

　症状は 20 〜 30 歳代が最も激しく，50 〜 60 歳代ではかなり軽快する。発病初期から治療を続けていれば約 60％は，60 〜 70 歳代には全快か，それに近い状態に回復するといわれている。

### 4．原因

　いまだ不明。母親の胎内にいたときに脳になんらかの障害（ウィルス感染，分娩時外傷など）を受けたり，病気に対して脆弱な体質を受け継いだりしたところに心理的，社会的，身体的ストレスが加わったときに相互作用的に起こるのではないかという説がおおむね認められている。

### 5．遺伝

　父母のいずれかが統合失調症スペクトラム障害であれば，子どもの発病率は 10 〜 12％，両親がともに統合失調症のときは 48％程度。このことからも遺伝が関係していることは間違いないが，血友病や筋ジストロフィーのように遺伝形式がはっきりわかっているわけではない。一卵性双生児で 1 人が統合失調症スペクトラム障害になっても，もう 1 人が発病する確率は約 60％なので，遺伝だけが原因ではないことは明らかである。しかし，遺伝や子育てを原因とする考えがいかに家族を傷つけ，孤立を深めるかということを知っておく必要がある。

### 6．脳の機能障害

　脳の中には神経細胞同士の間でさまざまな情報を伝えるために，

神経伝達物質が働いている。統合失調症スペクトラム障害では，その物質が過剰に働いてしまい情報伝達に混乱をきたし，さまざまな症状が現れる。また統合失調症スペクトラム障害になると，前頭葉（理解や抑制の中枢）の活動が低下したり，側頭葉（知覚や現実認識）の体積が減少したり，大脳基底核（知覚の調整をして精神の集中）が活動低下する。さらに大脳辺縁系（感情や知覚を理解し分析）の体積減少，電気生理や神経回路の異常がみられる。

### 7．再発

　この病気は再発することもありうる，慢性化しやすい病気である。服薬をやめれば数カ月でかなりの再発があり，1～2年で53～100％の患者が再発するといわれている。

　かつて調子のいいときは服薬をやめ，悪いときだけ服薬する「間欠投与法」があったが，薬物継続に較べると再発や再入院が2～3倍に増加したという。したがってかなりの長期間，あるいは一生に渡り服薬を続けたほうがよいことになる。

　家族と再発率

　家族や援助者の接し方で，再発の危険性が高くなる。薬物療法で治療している患者で，家族がいない人の再発率が30％なのに対して，「批判的で敵意に満ちた言動，過度の感情的巻き込まれ等が見受けられる」家族では48％に増え，逆に「患者の自尊心を大切にし，暖かく見守れる」家族では，21％と再発を下げたという報告がある。

### 8．薬の副作用

　命を脅かすような副作用は稀なので，必要以上に薬の副作用を恐れることはない。習慣性については，抗精神病薬は飲むにつれて体が慣れて必要量が増えることはない。また薬をやめても禁断症状が起こることもない。

### 9．障害

　個人差はあるが，幻覚・妄想（誰かに監視されている，狙われて

いるなど出来事に誤った意味づけをする）が，治まった後も生活や仕事で障害（能力低下）が残ることがある。

## 10．症状

### 1）病気の本質

本質は，「物事の考えをつなげる働き」の障害である。そのほかの症状は，一人ひとりが違う。

### 2）陽性症状

幻聴（幻の声が聞こえる），妄想（誰かに監視されている，狙われている）などは，周囲も気づくので治療を勧めやすい。

### 3）陰性症状

陽性症状が落ち着いてくると，陰性症状といわれる「感情鈍麻」「思考内容の貧困化」「意欲減退（家でゴロゴロ）」「無為自閉（自発性がなくなり，自分の世界に閉じこもる）」等が目立つようになってくる。

## 3　統合失調症スペクトラム障害の行動特性

行動特性は次のとおりである。

①切り替えがきかず，変化に脆い。
②正直者で嘘がつけず，断り下手。
③融通がきかず，杓子定規的な行動をとる。
④受身的で，注意や関心の幅がせまい。
⑤場の空気が読めず，不自然な態度になる。
⑥全体の把握が苦手で，話が唐突になる。
⑦重要と，重要でないものの判断が難しい。
⑧お世辞，社交辞令，冗談がわかりにくい。
⑨機転が利かない。
⑩今，すべきことは何かという「優先順位」がわからない。
⑪自分で決めたら等の曖昧な声かけは迷いが生じて混乱する。

群馬大学医学部は，生活臨床をキーワードに，日本の地域精神医学および地域保健活動の先駆的役割を果たしたが，そこでは，「切り

替えがきかず変化に脆い」「正直者で嘘がつけない」「断り下手で頼むことが苦手」を統合失調症スペクトラム障害の3大特徴とした。

　この病気になると，不意の主治医の交代や，地域のゴミ出しなどのルール変更などであっても，予想外に動揺する。また「嘘も方便」ができず，就職の履歴書に入院歴を正直に書く人もいる。そのほかには，受身的で注意や関心の幅が狭いので，単調な生活になりやすい。

　例えば料理教室でカレーを教える時に，「今日くらいは奮発して牛肉」と看護師がサービスしたところ，退院後に毎日牛肉入りカレーを作った人がいた。よって最初に教える料理は，栄養や経済面でも「毎日続く」という前提で教えなければならない。

　さらに場の空気が読めず，全体の把握が苦手で，話が唐突になる。例えば他の患者さんとの面接中にも関わらず，突然割り込むことも珍しくない。話し方も前段を省いた（文脈を無視した）物言いをする。いきなり「自分の小遣いは自分のものだよね」という具合である。それで詳しく聞くと，担当看護師が間に入りながら入院前の借金を小遣いから返済していることがわかった。しかし返済のための我慢が限界に達して，小遣いを増額したいというアピールが，「自分の小遣いは〜」であったのだ。このように前段を飛ばした会話が実に多いので，前段を詳しく尋ね，その人がどのように振る舞うことがよいのかを考慮する必要がある。

　また何が重要で，重要でないかという判断が難しく短絡的に動きやすい。さらに言葉をそのまま受け取ってしまいやすく，お世辞，社交辞令，冗談がわかりにくい。換言すれば機転が利かず，融通性に欠ける。例えば，ある廃品回収のお店を手伝っていた患者さんに，店主が遊び心で「営業部長」の肩書きの入った名刺を与えたところ，その肩書に負けてしまい，症状が再燃し，10年ぶりの入院となったことがある。従業員は店主とその患者さんの2人だけなので，営業部長の肩書きは「遊び心」なのだが，それが伝わらなかったのである。

　また情報処理が難しく，今すぐにしなければならないこと，1カ

月後でもいいことの優先順位がつけられず，一度に解決を求めたがる。つまり待てない，迷いやすいということである。したがって判断を求めてきた患者に対して，「どちらでもいいよ」「自分で決めたら？」という返事は，逆に迷わせてしまい，再発につながる危険性がある。

## 4　援助のポイント

援助のポイントを次に示す。

①目を見過ぎない。
②発病前後を，根掘り葉掘り聞かない。
③頼まれたことを援助し，頼まれないことはしない。
④劣等感に苦しむ人には，言葉が刺さることがある。
⑤無理して付き合わない。
⑥「愛情」より「親切」に徹する。
⑦タイムリーに働きかける。
⑧再発時のパターンや，前兆サインを把握する。
⑨働きかけは，一度に一つ。
⑩成功体験を積み重ねる。
⑪リハビリは，自信の回復と意欲づくりを目指す。


目には相手を威圧する力があるので，正面から目を見すぎないほうがよい。じっと目を見て話されると，精神障害者のみならず誰でも脅威に映る。したがって面接する場合には正面に座らず，90度か隣に座り，やんわりと顔全体を眺めたり，外したりを交互にして柔らかな視線を作り出すとよい。

また人はその人を理解しようとするとき，住所や家族構成，職歴など根掘り葉掘り聞く人が多い。しかし自分は仲良くなりたいとしても，相手（患者さん）はそうとは限らない。精神科の病気に罹患したことでいろいろな差別を受け，大切なものを失ってきた彼（女）らにとっては，探られたくないこともきっと多いはずである。ましてや発病前後の体験は，思い出すのも嫌に違いない。そこで時間をかけて「馴染みの関係」をつくることが望まれる。

まず私たちがするべきは，傷ついている彼（女）らを，これ以上傷つけないことである。したがって高齢者介護ではスタンダードな距離感や声かけが，精神障害者には少なからぬ負担を与えることがあるかもしれない（豆腐をこんにゃくと同じように扱うと壊れる）。具体的には，声掛け（声の大きさ，トーン，テンポ，頻度）や，身体接触（スキンシップ），会話する時間等は薄口，控えめがよいと思われる。

　また彼（女）らは無表情でボーッとしているように見えても，言葉だけでなく態度や仕草にとても敏感である。例えば筆者が昔病院勤務で当直明けの外来の時は，眠気と疲れから早く面接を切り上げようとする態度に敏感に反応し，「嫌われた」と感じる患者さんがいた。別の日に髪をばっさりと短くして出勤した時は，「私のせいで責任を取って髪を切られたのですか」という人もいた。これは決して笑い話ではない。情報整理が難しく，実に奇妙な解釈をしてしまうのである（認知障害）。

　さらに彼（女）らは傷つきやすいが，攻撃性の処理が下手で，ときに本当にどぎつい台詞を近しい人に投げつけることがある。しかしそのナイーブさを理解しておかないと，料理教室で「味が薄い」と評価すれば「叱られた」，生け花教室で「ここはもう少し短く切って」と評価すれば「馬鹿にされた」となり，今後一切レク活動に足を運ばない。また有効な働きかけをするには，指示は具体的でシンプルにするとよい。それも必ず確実にできそうなことを目標にすることだ。

　例えば「朝は7時に起きて，歯を磨いて，髭を剃って，着替えをしなさい」という指示は，課題が多すぎて受け流してしまう。まずは「朝7時に起きましょう」，それができてから一つずつ追加していくとよい。リハビリの目的を「自信の回復と意欲づくり」とするならば，確実に成功体験を積み重ねることを何より優先させるべきであろう。

　また安定しているのに悪化させてしまう接し方としては，「迷わせる」態度や言動がある。医師と病棟師長の方針が一致しない，家族

と施設の方針が一致せず，対立する場合などがそれにあたる。さらには，「私は病棟師長ではないのでわからないよ」「もう少し待ってみたら」などと，逃げるような態度も良くない兆候である。「聞いてから伝えます」「３日間待ってください」と明確に答えるのがよい。さらには担当看護者の悪口を患者の前で言ったり，その担当看護者以上に親切にしたりすることも，患者さんを不安定にさせてしまう。

## 5　妄想との付き合い方

　妄想や幻聴であっても，本人は体験していることであるから「事実」であり「現実」である。私も空飛ぶ円盤や幽霊を見たことがあるが，それを「客観的事実がない」「幻覚だ」と片付けられた場合は，その人とは金輪際話をしない。心配なのは，そうやって話をしなくなったことを「症状がなくなった」と勘違いして，大きな事故が起こることである。かといって容易に迎合し相槌を打つと，漠然としたものが俄然真実味を帯びるため，妄想を強めることになるかもしれない。そのことを教科書には，「妄想は否定も肯定もせず，中立的に」などと書いてある。

　筆者は，論点を「事実確認」にせず，そこで相手が感じている「気持ち」にシフトすることをお勧めしたい。言葉にすれば「不思議なこともあるんだね，そうだとすると困ったものだね」という具合である。しかし，自傷他害などの事件性があれば，思いとどまるよう強く制止する必要がある。言葉にすれば「あなたはそう確信しているようだけど，万一それが考え違いだとすれば大変ですよ。あなたの人生がとても大きく変わります。心配です」「あなたの人生が大きく変わることだから，あと２〜３日は待ってみても損はありませんよ」となる。いい意味で患者さんと親しくなると「また幻聴や妄想に耳を貸しているんだね。目の前にいる私と，姿形を見せない幻聴と，いったいどっちを信じるつもり？」と，生活臨床のように迫ることもできる。あるいは妄想を徹底的にこき下ろして，無力化・無価値化する方法もある。

## 6　まとめ

　全体を通して言えることは，患者さんの話に漫然と頷くのではなく，自分の立場（今は同意するのか，あるいは同意しないのか）を明確にすることである。最近の親子関係もそのようだが，嫌われることを恐れて「それはやめたほうがいい」と明言できる援助者が随分と減っている。それは「相手を尊重する」ということと次元が違うと筆者は強く思う。

文　　献
野坂達志・大西勝編著（2007）孤立を防ぐ精神科援助職のためのチーム医療読本．金剛出版．
野坂達志（2009）事例で学ぶ統合失調症援助のコツ．日本評論社．
野坂達志（2012）生活臨床と私　In：伊勢田堯・小川一夫・長谷川憲一編著：生活臨床の基本．日本評論社，pp.217-221．
野坂達志（2014）新訂　統合失調症とのつきあい方―対人援助職の仕事術．金剛出版．

第4章

# 精神科受診を勧める際の難しさ

## 1　はじめに

　つい最近の出来事である。ある主婦が「自殺を図ったが死に切れない」と電話をかけてきた。筆者はその理由を聞きながら，「誰にも起こりうる」と身震いした。というのは彼女の高校3年になる娘が最近閉じこもりがちになり，ついにはリストカットをした。困った彼女は近くの精神科に一人で相談に行ったのだが，話を聞いたその精神科医は「娘さんは境界型パーソナリティ障害と思うから診察に連れてきなさい」と伝えた。母親である彼女の自殺未遂は，そのことが原因だったのである。

　実は，この母親は精神保健ボランティアとしても活動をしており，少々精神医学の知識があった。その知識とは「境界型パーソナリティ障害は，発症に母子関係が少なからず関係しており，服薬だけでは治らず，心理療法が必要であるが，それができる医師は少ないので治癒は大変困難である」というものだったのである。母子関係が関与しているということは，自らの子育てが失敗であったに違いないと，自責の念に駆られた母親は自殺を企てたのだった。もちろんその精神科医は，診断名を告げたことでこんな事態が起こっているとはいまだ気がついていない。母親から聞き出した症状を診断基準に照らし合わせ，粛々と見立てを伝えただけである。

　しかしここでは，診断が正しいとか間違っているとかが問題ではない。その診断名を伝えたことによる本人および家族の反応，そのことに配慮すべきではなかったのか。つまり診断が正しいとか間違

っているとか，そういったことの裏側で問題が生じていたのである。

## 2　スティグマ（stigma）

　「精神分裂病」が「統合失調症」に，さらには「統合失調症スペクトラム障害」に診断名が変わっても，あるいは精神科を標榜していたクリニックが，いつの間にか「心療内科」に看板を替えたとしても，精神疾患に罹患したという「事実」は，その人を家族や社会から分断し，排除する。このことに筆者を含めて医療関係者はもっと繊細になってもよい。だからといって，嘘の診断名を伝えろということではもちろんない。「診断名」は，治療者と患者さん，そしてご家族がともに病気と闘っていこう（あるいは付き合っていこう）という合意，治療的モチベーションを高めるために利用できれば理想的である。筆者の友人の某精神科医はそれがわかっているので，統合失調症には「治るタイプの統合失調症」とか，男性のうつ病には「男の更年期障害」とか，不登校には「起立性低血圧」とか，いくつもの診断名を用いるらしい。もっとあるらしいが，今後の診療に支障をきたす恐れがあるので，これ以上は書けない。

　そして「治るタイプの統合失調症」がなぜか10年経過しても治らない，あるいは「男の更年期障害」が軽快しないことがあっても，患者さんからは全くクレームがないという。スティグマ（社会的烙印）の染みついた診断名をそのまま使用せず，ともに闘っていける（付き合っていける）診断名に化粧直しをする彼の姿勢に，筆者は大いに共感しているが，医師だからこそできることでもある。

## 3　病気の特殊性

　統合失調症が「統合失調症スペクトラム障害」となろうが，躁うつ病が「双極性障害」となろうが，社会一般のコンセンサスは「精神病は治らない，怖い」というところから，それほど変わっているとは思えない。それは他の病気と違って，他者との関係性を作り維持する「コミュニケーション機能」が障害されるからである。空気を読めない振る舞いは周囲を混乱させ，相手を恐怖に陥れることさ

えある。

　さらに会社勤めをしている場合には，精神病という診断がつくと，あっさりと解雇されてしまうことがある。加えてこの病気は長期化することが多く，家族にとっては精神的だけでなく，経済的にもかなりの負担を強いることになる。家族は生活設計を大幅に変更せざるを得ない。したがって家族の悲しみはとても深く重いものになる。そのためにも家族への支援は欠かすことができないのである。

## 4　精神科受診をトラウマにしない

　初めての精神科受診が強引に力でねじ伏せられた場合は，それがトラウマになり，その後の再発・再燃のたびに体験が立ち現われて，治療に影を落とすことになる。だからこそ初めて受診する場合は，「よい病院」を選びたい。

### 1.「よい病院」の基準

　筆者はかつて群馬県や埼玉県の先進的といわれる精神科病院で働いていた。今の資格でいうところの公認心理師や精神保健福祉士が何人も配置されており，病棟出入口には鍵がかかっていなかった。さらには面会や通信や金銭所持等の制限がほとんどなく，きわめて在院日数が少ないという特徴があった。かつてはこういったことが「よい病院」の指標であった。しかし，一部の有名病院では，高い評価を得るためにさまざまなトリックを用いたのも事実である。例えば問題を起こすような患者を他の病院に回し，開放医療が妨げられないような「よい患者」ばかりを入院させていたこと等である。

　一方，行政の職員や看病に疲れた家族にとっては「よい病院」の基準が違ってくる。鑑定や往診依頼を嫌がらず応じてくれ，文句を言わず入院も受けてくれ，「3カ月経ったから退院」と言わずに入院継続をさせてくれる病院こそが「よい病院」になってくる。不祥事で報道されるような病院に入院している患者さんの住所地をみると，随分と遠い住所地からの入院であったりする。陽が当たるところには，必ず影が現れるものである。

そこでこんな精神科であれば勧めてもよいという筆者なりの「基準」を以下に記す。

①患者さんが胸を張って歩いている。管理が厳しい病院では，職員が胸を張って肩で風を切り，患者さんはうつむいて歩いていることが多い。

②受付や事務の接遇が行き届いているところは，よい病院である。医療は医師を頂点としたピラミッド構造である。院長が権威的であれば，やはり職員もそれを模倣する。いじめられっ子が，さらに弱い者をいじめるという構造が見受けられるのである。

③よい病院は職員の顔に活気がある。職員が仕事に誇りや生きがいを持てない病院は中途退職も多く，常に求人広告が貼りだされているものである。

④精神保健ボランティアを積極的に病院内に招いたり，社会復帰施設を設置したり，地域の祭りに積極的に参加している病院は悪くないはずである。なぜなら常に他者の目に晒されて風通しがよくなっていて，社会常識に合致したルールが病院内に敷かれている可能性が高いからである。

## 2．職場での精神科受診の勧め方

　会社の管理監督者が異変に気がついた場合は，次の手順で受診を勧めてみてはどうだろう？

　異変に気がついた管理監督者は対象者を個室に呼び，「ミスが続くけど（客観的事実を先に伝えて），何か心配事でもあるのですか？」と尋ねる。その際に大切なのは，「私だけ難しい仕事を」「私だけ仕事が多い」などと言いだしても，口を挟まず一通り言い分を聞くことである。ついつい「それは君の思い過ごしだ」「誰もがそれを乗り越えてきた」と言いたくなるが，それをすると，「この人には何を話しても無駄」と思われ，これからすべきことがまったくできなくなる。

　「眠れない」「頭痛がする」「食欲がない」「肩こりがひどい」「下痢が止まらない」といった身体症状は，比較的自覚しやすいものである。それを聞き出して「内科受診をしてみては？」と勧める。

　「精神疾患です」と診断されることは，周囲からの差別や偏見を受

けるだけでなく，退職勧奨されたり，回復の見込みがないと離婚理由として扱われたりすることがある（民法 770 条 1 項 4 号）。つまり簡単に「精神科に行ってみては？」と勧めて気持ちを荒立てることは避けたほうがいい。だから最初は，抵抗の少ない「体の問題」として取り扱うことが得策である。

　実際，身体的な病気（低血糖，肝性脳症，甲状腺，白内障，感染症，脳梗塞など）でも精神症状は起こりうる。こういった身体的な病気を否定したうえで精神科の診断を行うので，内科受診はきわめて正しい選択なのである。

　そして身体的な病気が見つからないならば，内科医は心療内科や精神科を紹介するはずである。その勧めで受診する場合もあれば，「私を精神病扱いするのか」と怒る場合もあろうが，怒りの矛先は管理監督者ではなく内科医であり，あなたが恨まれることはない。

　その時は，「医師の言うことが正しい」と裁定するのではなく，「藪医者かもしれないから他に受診してみたら」と，味方でいることが肝心である。

　こうして「自分の意志で精神科受診した」という形を作れば，管理監督者も周囲も恨みを買うことはない。

　ただし，自殺未遂や衝動行為などがすでに起こっている緊急事態では，こんな回り道はできない。家族や職場で一目置く先輩に集まってもらい「数の論理」で説得してもらうか，「職務命令」で受診を強行することを検討する。


## 3．家庭での精神科受診の勧め方

　次に家庭においての精神科受診の勧め方を述べる。職場と違う点は，身内であるがゆえに感情が優先し，状況を客観的に判断しづらくなることである。その結果，早期発見・早期受診とならないことがある。

　まずは本人が困っていることに焦点を当ててみる。完全に病識（自分は病気であるという自覚）がない場合は別として，初期は病感（病気かもしれない）があり，不眠や不安，焦燥感（イライラ）を

自覚していることが多い。このことや生活上の困り事に焦点を当て，「何か心配事があるの？」と尋ねてみる。すると「狙われている」とか「生活費がなくなった」と答えてくれることがある。ここで間違っても「そんなはずはない」と否定してはならない。ここで信頼関係が構築できなければ，その後の展開が見込めなくなるからである。そこで「食べてなければ体も衰弱する。一時的に薬の力を借りるのも方法だ」と内科受診を勧めてみる。

　もし，入院が嫌で受診しないのならば，「医師から勧められても絶対に入院させない」と保障し，必ず約束を守るという方法もある。そして後日，ゆっくり説得するのである。入院させない代わりに服薬を約束し，服薬を開始すると驚くほど改善する場合があり，ほどなく自ら「入院します」と言い出すことも珍しくない。結局，家族の「入院させる」に対して，「絶対，入院させない」という家族の宣言は肩透かしとなり，膠着に変化をもたらすのである。

### 4．暴力や刃物で危険な場合

　この状況は「自傷他害（自らを傷つけたり，他人に害を及ぼす）の恐れ」に該当するので，措置入院（知事の権限による強制入院）が可能となる。最寄りの保健所か市町村の保健センターに相談すると保健師が事情を調査し，現地で精神保健指定医2名が精神鑑定をしてくれる。その結果が一致して「精神病で自傷他害の恐れがある」となれば，強制入院となる。

　夜間や緊急時であれば，迷わずに110番をする。警察官が保護をして精神科救急施設や最寄りの受け入れ可能な精神科病院を探してくれるはずである。

　日頃から暴力がある時は，警察の生活安全課に相談しておくとよい。何事も次の手立てがわからない時は簡単にパニックとなりやすい。

### 5．通院中であるが入院が必要になった場合

　まずは家族が本人の代わりに病院を訪れて主治医に相談する。場

対人援助職の仕事のルール

合によっては往診が可能かもしれない。往診が不可能であれば，家族全員で説得する。説得は人数が多いほど効果的なので，家族が少ない時は親戚の力も借りてみる。よくあるパターンは，父親は入院させたいが，母親はかわいそうになって入院をさせたくないと考えている場合。これでは場の緊張感が上がらず説得は失敗する。このような中途半端の説得を昼間にすると夜間に逆襲をされることになる。家族全体が意思統一をし，「一枚岩」になることが大切である。

### 6．精神科病院に足を運ぶことがためらわれる場合

保健所や各市区町村役場で毎月のように行なわれている「精神保健相談会」「心の相談」を利用するとよい。保健師から最寄りの医療機関の情報も入手できる。ネットからも情報を入手できるが主観的な酷評もあり，お勧めはしない。

## 5 事 例

次に精神科受診の勧め方の難しさ（あるいは簡単さ）を，事例を挙げて紹介する。

### 1．だまされて

筆者が以前勤務していた病院は温泉地から車で5分のところにあり，しばしば「温泉に行こう」と騙されて病院に連れてこられることがあった。外来待合室は「騙された！」と大騒ぎになり，診察どころではない。何とかなだめて入院していただいても，入院後のテーマは「病気を治すこと」ではなく，「騙された悔しさ」「家族への不信感」になるため，治療効果はあがらない。アルコール使用障害（アルコール依存症）に典型的に見られるパターンである。

### 2．こじれる関係を外してみる

ある夜のこと，統合失調症スペクトラム障害と思われる若い男性が，両親に抱きかかえられるようにして病院を訪れた。当直医は支離滅裂な言動を繰り返すこの男性を前に診察を始めたが，まったく会

話にならない。そこで代わりに父親が説明を始めると，「この野郎」と興奮し，父親に殴りかかる。それを見た母親は必死で男性（息子）を制止する。そして興奮が鎮まると医師は息子に語りかける。しかし答えないので代わりに父親が答える。すると息子はわめいて父親に殴りかかる……。なんとこの繰り返しが1時間以上も深夜の病院で行われていた。

　筆者はその場に居合わせたので家族を廊下に出し，息子に話しかけた。するとたちまち興奮は鎮まり，穏やかに経過を語り始めたのである。そして言い分を聞いた後に「では，今度は私の言うことも聞いて欲しい。君が大変な状況にいることはよくわかった。だから少し入院してみようか」と話してみた。すると「はい」と答えて入院となったのである。当直医は何が起こったのかわからず，「奇跡だ」と驚いたが，こじれる関係を外すだけで劇的に事態は変化することは珍しくない。

### 3．「あなたのため」より「私のために」

　筆者は時々一人暮らしの患者さんの家を訪問する。ほとんどは症状の増悪で入院説得のためである。しかし「入院しましょう。病気が悪くなっているから」と真正面から話して，受け入れられたことはない。病識があれば自ら受診するはずであり，無理もない。そこでこのような場合は，相手のプライドを立てた（立つ瀬を残した）「理由」で説得（お願い）するのである。大変恥ずかしいのだが開陳すると，「入院患者さんが減って困っている。ちょっとでいいから入院して協力してよ。1週間で退院していいから」というものである。それでもごねる場合は，「俺の顔を立ててよ，今が恩返しの時」と義理人情や損得，さらには「人の道」まで持ち出す始末。すると入院して3日後には「実は入院したかったけど言い出せなかった。入院させてくれてありがとうございます」と挨拶があり，1週間の入院予定を延長することになったりする。そのためにも筆者が普段から「恩を押し売り」しているのは言うまでもない。

## 4.「何を伝えるか」より,「いかに伝えるか」

「何時だと思っている,こんな夜中まで外で遊んで！」という叱責は,実は「心配している」ことを言いたいのに,相手には「怒り」しか届かない。「怒り」は相手の「怒り」に着火して炎上するので,「私の勝手でしょ,何時に帰ろうと。クソ親父」と倍返しをされる羽目になる。これを防ぐには,「怒り」を排除して「心配」を確実に伝えることである。言葉にすればこうなる。「お帰り,心配したよ。これで安心して寝られるわ。ありがとう」。帰りが遅くなり叱られると身構えているところに,予想外の「ありがとう」であるので,娘も怒ることはできない。

また別の事例であるが,受験勉強で死にそうなくらい頑張っている子どもに,「頑張ってね」と親が声をかけたので,「これ以上は頑張れない」と子どもが自殺を図ったという話もある。

言葉の意味は文脈（相手との関係性や置かれている状況）により,「励まし」にも「軽蔑」や「非難」にも受け取りが可能である。この「相手の文脈」に沿うことが援助では欠かせないのだが,そのための情報収集力と観察力が,一朝一夕に手に入らないのである。

## 6  おわりに

「精神科って難しいですよね」。市区町村の保健師さんからよく聞く言葉である。それを聞くたびに筆者は自分の40年前を思い出す。妄想を話し続ける患者さんを前にして会話が続かず,病院実習初日に逃げ出したいという衝動に駆られたのである。しかし,不思議なもので逃げ出さずに定年まで働くことができた。それは統合失調症スペクトラム障害が軽症化したこともあるが,会話が成立しなくても非言語で仲良くなれることを知ったことが大きい。そして仲良くなれば,会話はそれほど必要としないものである。

筆者は統合失調症スペクトラム障害の方の付き合いには特別な技術は必要なく,普段は無意識に行っているコミュニケーションを,ほんの少しだけメリハリつければ事足りると思っている。したがって精神保健や学校での子育て講座でも,だいたい話すことは「コミュ

ニケーション論」である。「差別や偏見をなくせ」と声高々に訴えるのは，それはそれで意味があると思うが，筆者はかえって「特殊性」を伝えるのではないかと危惧をする。

　精神科受診は不幸であってはならないし，不幸にさせてはならない。そのために精神医療従事者はいろいろな課題を背負っている。その一つが「医学的重篤度」と，「処遇困難」という2つの軸である。たとえば地域の高齢者がボヤ火事を起こした，あるいは老人施設に入所している高齢者が職員に暴力を振るった等で，「処遇困難」として精神科病院に「精神障害者」として送り込まれるのである。そういったダブルスタンダード（二重規範）が現存することが，我が国の精神医療の貧困さなのである。

文　　　献

野坂達志（2014）新訂　統合失調症とのつきあい方─対人援助職の仕事術．金剛出版．

第5章

# 自閉症スペクトラム障害<br>（広汎性発達障害）について

## 1　はじめに

　正直に告白すると，筆者は「自閉症スペクトラム障害」について，さほど詳しくない。巷でも「診断はできるが，治療（投薬を含む）はわからない」という医療機関も多い。そんな筆者が自閉症スペクトラム障害に関わるようになったのは，病院から産業保健に転職してからのことである。転職先の人事課長から，「毎年うつ病で10数名の職員が休職しています」と言われて面談したのだが，症状や言動が明らかに「うつ病」のそれとは違うのである。

　そこから「発達障害」について勉強することになったわけである。言い訳に聞こえるかもしれないが，それくらい最近になって注目されるようになった「障害」である。ゆえにこの障害を診断や治療して欲しくて精神科受診をする時は，ベテランの先生よりも若い先生に診てもらったほうがおそらく詳しいと思われる。

　筆者のこの10数年の産業保健においても，「うつ病」や「パーソナリティ障害」，あるいは「統合失調症」と診断され，大量の抗精神病薬を投与された従業員がいた。つまり，以下のようなことがわかってきたのである。

　①復帰と休職を繰り返す一群には，「自閉症スペクトラム障害」の症状が顕著である。
　②その場合の病休診断書は，「うつ病」「適応障害」「うつ状態」が多

い。

③特徴は，仕事を覚えない，反省しない，失敗は他者のせい，「パワ
　ハラです」である。

④つまり勤務成績は著しく低く，コンプライアンス違反も多い。

⑤多くの場合で「退職勧奨」の対象になりやすい。

## 2　自閉症スペクトラム障害（広汎性発達障害）とは

　かつて「広汎性発達障害」は，古典的自閉症，アスペルガー症候群，レット症候群，小児期崩壊性障害，特定不能の広汎性発達障害に分類されていた。しかし 2013 年の DSM-5 改訂（米国精神医学会の診断と統計の手引きの第 5 版）により，すべてが「自閉症スペクトラム障害」に統一された。またレット症候群（習得した発語や運動機能が退行）は，X 染色体の異常とわかったので発達障害から外された。

**職場や地域の「変わった人」**

　自閉症スペクトラム障害（広汎性発達障害）は，脳機能の発達が関係する生まれつきの障害である。この障害の特徴は，『3つ組障害』と言われる「社会性の障害」「コミュニケーションの障害」「想像力の障害」である。そのため周囲は，「自分勝手な人」「変わった人」「約束を守らない人」と評価することが多い。そして「なんで，こんなこともわからないのか」と非難や叱責をする。

　生まれつきの障害であるので，学童期や思春期には親も教師も「変わっている」と思ったに違いない。しかし「成績が良好」「部活動に熱心」「親や友人が親切」であると，障害が看過されることがある。そして就職後にはじめて「障害」が露呈するのである。

## 3　特徴とは

### 1．社会性の問題

　友人がいない，視線が合わない，身振り・手振りがない，場にそぐわない言動，マナーや社会常識がない，協調性がない等である。

## 2．コミュニケーションの問題

　表情や態度から相手の気持ちを汲み取れない，形式的な会話と独特の言い回しで抑揚がない，話があちこち飛ぶ，含みや言葉の裏がわからない，冗談やユーモアが通じない等である。

## 3．想像力の問題

　興味や話題が限定している，手順・規則に妙にこだわる，急な変更があるとパニックになりやすい。また，柔軟な発想に欠けているため，二者択一的で妥協しない等である。

## 4．感覚過敏・過鈍性

　好き嫌いが多く，触られることに敏感である。また，痛覚が鈍く自傷行為を繰り返すこともある。またある種の音を嫌うか逆に好む，着替えや入浴を嫌うので体臭で匂っても気がつかない。

## 5．協調運動の不器用さ

　手と足，目と手など別々に動くものをまとめ，一つにして動かす運動を「協調運動」という。具体的には縄跳び，スキップ，キャッチボール，あるいはボールを目で追いながら足で蹴る動きである。その他にも，手先を使う箸や折り紙，はさみ，紐結びが苦手，字が苦手なのも協調運動である。協調運動障害とは，このような運動が困難であったり，できていてもどこかが不正確であったりすることである。

## 4　定　　義

　発達障害者支援法が日本では定められており，そこでは「自閉症，アスペルガー症候群，その他の広汎性発達障害，学習障害，注意欠陥多動性障害その他これに類する脳機能の障害であって，その症状が通常低年齢において発現するもの」とされる。

　ここで簡単に用語の説明をしておく。

- 注意欠陥多動性障害：注意力を保てず不注意，多動，思いつきで動くという衝動性が特徴。ADHD（Attention Deficit Hyperactivity Disorder）。法律ではこの疾患名であるが，医学領域では注意欠如・多動性障害（注意欠如・多動症）ということが多い。
- 学習障害：知的障害はないのに「読む」「書く」「計算能力」のいずれかが低く，学習に支障。LD と略されるが，これには Learning Disability（教育分野での用語）と，Learning Disorder（医学領域での用語）があるが，ほぼ同じように使われる。最近の医学領域では，限局性学習症（SLD；Specific Learning Disorder）ともいう。
- 発達性協調運動障害：運動発達の遅れ，不器用，右手と左手を別々に動かせない。
- 軽度の精神発達遅滞：知的障害があり IQ が低い。中学校以降の勉強についていけない。
- 協調運動：手と足，目と手など別々の機能を一緒に動かす運動。縄跳び，書字，スキップ。
- 発達障碍：用語は「発達障害」が正しい。「害」は誤解を招くとして「障碍」や「障がい」を用いる人もいる。

## 5　大人の ADHD の主な基本的症状

3つの特徴がある。それは「不注意」「多動性」「衝動性」である。

①多動（運動過多）＝落ち着きがなく，常にソワソワしている。
②不注意（注意散漫）＝一つのことに集中できず，気が散りやすい。
③衝動性＝後先考えず，思いつきで行動するので不倫，暴力，虐待が多い。
④仕事の先延ばし傾向＝やるべきことがあるのに先延ばしするので，常に仕事がたまる。
⑤感情の不安定性＝気分屋で情緒不安定，自制心の欠如。
⑥ストレス耐性が低い＝心配性で，強い不安感がある，苦手な仕事があると放棄する。
⑦対人スキル・社会性の未熟＝世渡りが下手で，わかりやすい嘘をつくので嫌われる。
⑧低い自己評価と自尊心＝物事を否定的，悲観的，被害的に捉えている。
⑨新奇追求傾向＊と独創性＝新しいモノ，冒険を求める傾向があり，

飽きっぽい，長続きしない。

⑩整理整頓ができず，忘れ物が多い＝記憶障害により，段取りよく作業ができない

⑪計画性がなく，管理が不得手＝金銭・時間・書類等を管理できない。仕事の能率が悪い。

⑫事故を起こしやすい＝集中力に欠け，信号や標識を見落としがち。よそ見をする。

⑬睡眠障害と居眠り＝睡眠不足が特徴的。それによって交通事故などを起こしやすい

⑭習癖（習慣になっている癖）＝爪かみ，チック，抜毛（ばつもう），貧乏ゆすり。

⑮依存症や嗜癖行動に走りやすい＝酒，タバコ，薬物，ギャンブル等に溺れやすい。

⑯のめりこみと，マニアック＝過集中と，こだわり傾向。

### その他の随伴症状（何らかの症状に伴って起こる症状）

・治らないうつ病の背景には，自閉症スペクトラム障害（広汎性発達障害）の可能性がある。発達障害があると，日常生活の中でトラブル発生率が高くなり，二次的にうつ病を発症することがある。

・ストレス耐性が低く，強い不安感，新奇追求，報酬系が活性化しにくいので嗜癖や依存に。

## 6　広汎性発達障害

### 1．行動特性

次の行動が2つ以上あれば，「広汎性発達障害」かもしれない。

・視線が合わない（しかし恥ずかしがっているというわけではない）。

・瞬きが少ない。表情が変わらない（しかし緊張しているわけではない）。

---

＊　新奇追及とは，新しいものや冒険を求めること。衝動性，怒りっぽい，見栄っ張り，浮気性，飽きっぽい。快楽や報酬に関わる脳内神経伝達物質「ドーパミン」に関連する遺伝子が関与。

- 忘れっぽい。相手との距離が不適切（図々しい，横柄，バカ丁寧で相手は不愉快）。
- 落ち着きがなく，一方的に早口で喋る。もしくは聞かれたこと以外は喋らない。
- 細かいところで，言い直す，こだわる。
- 的外れな質問をする（会話の流れ，前後の方向性がつながらない）。
- 不適切な敬語を使う。
- 毎日遅刻ぎりぎり（移動の最短時間しか頭にない，想像力の欠如）。
- 突然怒る，泣くなど感情のコントロールができない。
- 要点を整理して話すことができない。
- 同時進行の課題や動作に問題がある（協調運動）。字が汚い，ハサミ，縄跳び，スキップなど。
- 「虫博士」「鉄道博士」のように，ある分野に際立った興味を持っている。
- 「これ」「それ」「あそこ」等のあいまいな指示がわからない。
- 指示待ち人間（指示された仕事はするが，指示以外のことはしない。手伝わない）。
- 空気を読めない（いきなり相手に「太ったね」，上司のミスに人前でも注意する等）。
- 社交辞令が通じない，表情や口調から察せない（「今度遊びにおいでください」と言われ，本当に家に行く）。
- 細部にこだわる（こだわるので締め切りに間に合わない）。急な変更に対応できない。
- 優先順位がつけられない。途中で他の仕事を頼まれると，パニックになることがある。
- 整理整頓が苦手（モノに強い執着があるので，モノが捨てられない）。
- 人の顔を覚えない（アスペルガー症候群は，人の顔や目に関心がない，だから覚えない）。

## 2．発達障害者支援法

　2004 年に発達障害者支援法が制定され，長い間福祉の谷間で取り残されていた発達障害の定義と社会福祉法制における位置づけを確立し，福祉的援助の道が開かれるようになった。各大学では「障害学生支援室」を設置し，コミュニケーション等に問題がある学生に対しても積極的に支援を行っている。つまり現在は「障害」を理

由とする「不採用」はあってはならないのである。

### 3．発達障害者と交通事故

　事故の理由は不注意傾向が顕著なので，交通標識や信号等を見落とすのが一つ。次に衝動的傾向が著しいのでカッとなりやすく，またスピードを出したがる，追い越しをしたがることがある。

　さらに夜間の睡眠効率が低く，昼間の居眠りやマイクロスリープ（一瞬睡眠状態に陥る）が考えられる。また事故だけでなく，アルコール，タバコ，カフェインの依存症や乱用問題もある。

## 7　発達障害と思われる職員に対しての「指示」「指導」

### 1．曖昧な表現はやめ，具体的に伝える
- 「水持ってきて」×　→「薬飲むからコップに半分，水ください」○　※意図も伝える。
- 「道具は，そこら辺に置いて」×　→「道具は，ここに置いて」○　※通路に置いてしまう。
- 「会議までに資料を」×　→「資料を○月○日○時に」○　※校正・印刷で時間が必要ということが想像できない。
- 「手伝ってもらうと助かる」×　→「手伝ってください」○　※「命令じゃないならしなくてもいいか」と考えてしまう。
- 「湯呑茶碗，洗っておいて」×　→「洗い物はすべて洗っておいて」○　※湯呑茶碗だけ洗ってしまう。
- 「ちょっと」×　→　「15分だけ」○　※時間は具体的に伝える。
- 「そろそろ」×　→　「3時までに」○　※時間は具体的に伝える。

### 2．視覚構造化
　文章ではなく図やグラフ，映像でわかりやすくする。
- するべきことを手帳やカレンダーに書き込み，繰り返し見る（蛍光ペン）。
- 毎日優先順位を見直す（その日にすること，明日でもいいこと，その週，今月中にすること）。
- ◎は最優先，○は今日中，△は数日以内，×はよく考えたら不要あるいは人に依頼した。
- 仕事が1つ終わったら，横線を入れて消していくことで心理的負

担を軽減する。

- 今日何ができて，何ができなかったという作業日誌をつける（予定表＋実際の作業結果）。
- 作業日誌には作業量・進捗状況・体調を記入（効果的な仕事の仕方がわかってくる）。
- 自分専用手順書を作成（いつ・どこで・何を・いつまでに・どれだけ・どうやって・どこまで）。
- コミュニケーション（報告・連絡・相談）を確実にする。
- 相手の要求を正しく理解し，できないことは「きちんと断る」ことが大切。
- 自分を客観視できるような「観察自我」を意識する。
- 仕事は小分けして，できることから順番に片づける。
- 手順がわからないときは，勝手にせずに同僚に聞くか，上司に尋ねる。
- 時間管理にはスマホのアラームや，スマートウオッチを使う（バイブ機能にしておく）。
- 出発時間前10分前，会議時間10分前に鳴らす。

## 3．書類やリモコン，備品は置き場所を決め，必ずそこに戻す

- ADHDは，物忘れが多く，置きっぱなしで必要時に見つからない。
- 明日持っていくものは，前日に玄関に出しておくと忘れにくい。

## 4．大事なものは体から離さない

- 書類は手に持たずカバンに入れる。そのカバンを忘れるようなら肩から斜め掛けにする。

## 5．わからなくても，「はい」と言うことがある

- 指示の時は「メモしてください」と伝えて，最後に「では手順を話して」と確認する。

## 6．マナー，慣習，文化は明文化する

　発達障害の社員は「周囲が忙しそうでも手伝わない」「暗黙のルールがわからない」と言われる。しかしそれは怠けではなく，「空気が読めない」「ルール以外は手を出しにくい」からである。そこで「暗

黙の，常識とされること」も明文化しておくのも方法だ。例として，

- 朝は余裕をもって出勤し，始業時間5分前には着席し，仕事の予定を確認する。
- 休憩室では最後に出る人が部屋の灯りとエアコンのスイッチを切る。
- 自分の手が空いていて，周囲が忙しそうであれば「何か手伝えることは」と声かける等を決めておくのもよい。
- 指導や注意は「怒り感情」を除外し，「次はどうするか」を一緒に考える。


## 7．発達障害は不安感の強い人が多いので，指導や注意場面で大きな声を出すと脅える

- 叱ると，「嫌われた」「脅された」「ハラスメントだ」と感じる場合があるので要注意。
- 「しなさい」や「ダメ」等の命令形は，特に過敏に反応する。
- ハラスメント対策として「ここはよかった」と，良かった点もほめることが大切である。
- 上司に叱られるとパニックを起こすことがある。


## 8．急な予定変更はパニックを引き起こすことがある

　なるべく急な変更は避けたいが，回避できない場合は，その理由と変更した作業内容を丁寧に説明するほかない。業務内容が変わる場合は必ず事前に伝え，心の準備ができるような配慮をする。もしパニックになったら，一人になれる静かな場所に移動させる。


## 9．感覚過敏（音・臭い・触る・光）についての配慮

　発達障害の人の中には，周囲の刺激を遮断する力が弱かったり，感覚過敏があったりする。

- 周囲の人の動きが気になって，仕事に集中できない。
- 普通は気にならない音や光，臭いに過剰に反応する（空調や蛍光灯の音，インクの臭い）。

ということがある。それに対しては「個室（作業部屋）」を与える
か，パーテーションや植木で仕切るという工夫をする。それが難し
い時は「刺激を緩和する道具」を利用させる。

　　例
　〈聴覚過敏〉耳栓，イヤホンタイプのノイズキャンセラー付ヘッドホ
　　ンの使用。
　〈嗅覚過敏〉マスク。
　〈視覚過敏〉眼鏡のレンズに少し色をいれる，パソコンの光が強けれ
　　ば画面のコントラスト調整。

## 10. 入浴と着替え

　入浴と着替えを嫌がり，臭い場合。発達障害で感覚過敏のある人
は，「新しい服に袖を通す」と触覚や嗅覚が刺激されて気持ち悪くな
る人，石鹸やシャンプーが嫌いで入浴を嫌がる人がいる。その場合
には，「ルール化」「決まり事」としておくと守れることがある。

　・入浴が嫌ならば，シャワーを浴びて着替えをすること。
　・入浴は日曜，火曜，木曜と決めて，その都度着替えをすること。
　・散髪は月に1度，最終日曜日に必ず行くこと。

## 11. 仕事の先延ばし傾向がある場合

　・締め切りは上司が決め，1カ月や2週間前に進捗状況を尋ねるよ
　　うにする。
　・副担当をつけて役割分担をさせる。それにより全体の進捗状況が
　　把握しやすくする。

## 12. 多動で落ち着きがない場合

　・体の動きの多い仕事があれば，それをさせる。今がデスクワーク
　　なら小休憩をとらせる。

## 13. 不注意や注意散漫傾向がある場合

- 集中力を必要とする仕事の時は，空き部屋や会議室があれば使用を認める。
- 周囲の音を遮断する耳栓やヘッドホン（ノイズキャンセラー付）の使用を認める。
- 人が少ない時間帯に働くことを勧める（サマータイムの利用）。

## 14. 閃くけれども実現するための手順，企画書は作れない人の場合

- 手順を考えたり，企画書を作れる同僚と組ませる。

## 15. 時間の管理ができない場合

- スケジュールが過密にならないようできるだけ配慮する。
- （忘れっぽい場合）情報は口頭の他に，記録に残るようにメールでも送るようにする。

## 16. その他

- 指示や連絡は，口頭だけでなく文字で伝える（メモをさせる，メールでも伝える）。
- 電話を受ける際は，「市販のメモ帳」あるいは「聞き取り項目」に沿わせる。
- 「①電話を受けた時間」「②相手の会社名，部署，氏名」「③話の内容」「④今後の対応（折り返し電話の必要の有無，必要な場合はその時間，電話番号」
- 「あれ」「それ」がわからないので，具体的に伝える（本人は尋ねる）。
- わからないことは，その場で確認する。「すみません，もう一度お願いできますか」
- 不用意に電話で答える職員への指導。
- 相手の内容がわからない時は，「担当の者に代わります」「確認して折り返しお電話いたします」と，いったん電話を切り，同僚や上司の判断を仰ぐように指導する。

## 8　大人の自閉症スペクトラム障害に向かない仕事

次のような仕事は，自閉症スペクトラム障害に適していないと思われる。

①高度な協調性や熟練したコミュニケーションスキルが要求される営業や接客関係。
②優れた管理能力が要求される経理，人事，総務関係。
③ミスが大事故につながるような交通，運輸，医療，福祉，保健関係（ただし，医療の中では少なくない）。
④複数の要求を同時にこなす必要のある仕事，臨機応変対応が求められる仕事。

## 9　向いている仕事

逆に向いている仕事としては，次のようなものがある。

①専門的，マニアックな知識やひらめきが活かされる研究者や学者，理数・芸術系教師。
②刺激と変化のある救急，記者，作家，カメラマン。
③視覚的才能に長けているイラストレーター，漫画家，画家，プログラマー，建築業。
④人より機械を相手にした調理師，自動車整備士，電気技師，図書館司書，校正者。

少人数の企業・部署よりも大人数の企業・部署のほうが，粗が目立たないということもある。

## 10　自閉症スペクトラム障害の二次障害とは

自閉症スペクトラム障害は，一次的には脳の障害であるが，思春期・青年期以降にさまざまな二次障害（重ね着症候群）を合併しやすいことが知られている。合併症については，次のとおりである。

①気分障害（うつ病）

②双極性障害（躁うつ病）

③神経症圏……不安障害，強迫性障害（強迫神経症），社会不安障害（対人恐怖症），パニック障害（不安神経症）・広場恐怖，心的外傷後ストレス障害（PTSD），全般性不安障害（不安神経症）

④依存症・嗜癖行動……アルコール依存，コカイン依存，覚醒剤依存，マリファナ依存，過食症，ギャンブル依存，セックス依存，ゲーム障害

⑤行為障害（非行），反社会的行動（犯罪）

⑥パラフィリア（異常性愛）……小児性愛，窃視（のぞき），窃触（痴漢），露出等

⑦パーソナリティ障害（人格障害）……反社会性，境界性，自己愛性

⑧社会的ひきこもり（回避性パーソナリティ障害，一部自己愛性パーソナリティ）

⑨DV（配偶者または親密な関係にあるパートナー間における身体・精神・性的暴力）

⑩虐待・ネグレクト（育児放棄）

## 11 本人への周囲の接し方

　従業員が自閉症スペクトラム障害かもと感じたら，まずは接し方を変えてみるとよい。

①自閉症スペクトラム障害は，失敗体験で自己イメージや自尊感情が著しく低い。つまりストレスに弱く，常に不安を抱えていると思ったほうがいい。

②したがって，非難したり，大きな声で叱ったりすると「逆効果」になる。

③不安が強い場合は急な予定変更はストレスになるので，前もって予定表は渡しておく。

④本人なりのこだわり（ルール）があるので，許容範囲なら認めたほうが得策である。

⑤締め切りが守れないので，「1カ月前」「1週間前」などに催促をするのがよい。

⑥長い話は聞けないので，メールやFAXなどで要点を文章化して送り，後で読ませるとよい。

⑦できるだけ褒めて，叱るのを少なくするとよい。

⑧不得意なことは無理をさせず，得意なことをさらに伸ばすほうが得策。

文　　献

林寧哲監修，對馬陽一郎・安尾真美（2018）ちょっとしたことでうまくいく発達障害の人が会社の人間関係で困らないための本．翔泳社．

岩波明（2017）発達障害．文藝春秋．

神田橋條治・岩永竜一郎・愛甲修子・藤家寛子（2010）発達障害は治りますか？．花風社．

岡田俊（2009）もしかして，うちの子，発達障害かも⁉　PHP研究所．

佐々木正美監修（2007）アスペルガー症候群（高機能自閉症）のすべてがわかる本．講談社．

佐藤恵美（2018）もし部下が発達障害だったら．ディスカヴァー・トゥエンティワン．

第6章

# コラボレーションのお作法

## 1　はじめに

　コラボレーション（collaboration）とは，複数の主体が何らかの目標を共有し，どちらが上でも下でもない対等な関係の上で，双方がエンパワーされた状態でなされる活動であるとされる。一般的には協働，共演，競演，合作，共同作業などと訳されることが多い。

　近年この協働の概念は地方自治，とりわけ「まちづくり」の取り組みに不可欠なものとされている。一方，医療や保健，そして福祉分野においての協働は，「ネットワーク」「チーム医療」「連携」などと呼ばれるが現場においては，ほぼ同義語として使われているように思える。

　例えば医療においては，医師だけで行うものではなく看護師や薬剤師や技師などの全職種が協力することを「チーム医療」と呼ぶ。これはいわば「組織内コラボレーション（以下，コラボと略す）」と分類できる。

　一方の連携は，いわば「他機関コラボ」に分類できる。保健や福祉領域において連携は，昔から普通に行われてきたことだが，医療連携政策については 1985 年の第 1 次医療法改正で導入された「地域医療計画」制度に遡る。以後，数度の医療法改正や診療報酬制度の見直しにより，施設中心から地域に方向転換が図られてきた。特に連携が注目されだしたのは，1998 年の第 3 次改正で総合病院制度を廃止して，「地域医療支援病院」を新設したあたり，もしくは 2000 年にスタートした介護保険あたりからであろう。

さらには 2000 年 4 月の第 4 次診療報酬改定で新設された「急性期特定入院加算」の算定要件の一つに「地域医療連携室」設置が規定されたことにより，ぐっと身近になった。

　「組織内コラボ」は院長などの管理者が指示をすれば，形はすぐに整う。しかし「他機関コラボ」となると，相手が他機関であり院長や管理者の「指示や命令」でどうにかなるものではない。

　連携やコラボは人と人が織りなすものであり，そこには「礼儀」や「お作法」がある。今からその要点を紹介する。

## 2　自分から動く

　じっとしていても，コラボ相手は現れない。あなたが本当にコラボをしたいのであれば，自ら相手のもとに出向き，「力を貸してほしい」と素直に申し出ることである。もちろん電話一本で依頼してくるような非常識な人を信用するわけがない。コラボ相手と良好な関係を築くためには，効果的な振る舞い方を知る必要があるが，それについては構造的家族療法の Minchin（1974）が「ジョイニング」として述べていることが参考になるだろう。

　相手の雰囲気や家風に合わせる：相手の話に傾聴しつつ，その言葉，
　　感じ方，価値観に自分を合わせてみる。いわば，その人の文化や
　　雰囲気をそっくり真似るのである。
　褒める：褒め言葉には「人を変化の入り口に立たせる不思議な力が
　　ある」と言われている。
　興味がある話をする：まずは雑談で緊張をほぐし，警戒心を解くと
　　よい。
　相手と同じ姿勢と動作をする：不思議なことに「心が通じ合う」感
　　覚になる。しかし，くれぐれも悟られないように。
　呼吸や動作，声の調子を合わせる：ラポール形成に，呼吸や動作，ス
　　ピード，リズム，トーンを相手に合わせると効果がある。
　話の内容に合わせる（同意する）：ただし注意すべきは，家族や組織
　　の中で誰かに意見を合わせることは，同時にその意見に同意しな
　　い人を敵に回すことになることである。
　相手のルールやパターンに合わせる：誰が最初に挨拶し，誰が家族
　　の紹介をするのか，そして誰が問題を語って，誰が口を挟むのか。

相手の言葉を繰り返す（バックトラッキング）：相手の言葉のキーワードを拾い，相槌のように繰り返す。

## 3　コラボは人と人

　コラボで大切なのは人と人（face to face）であり，機関と機関，肩書きと肩書きの繋がりでは決してない。したがって継続的に良好なコラボ関係を作りたいのであれば，訪問販売のように「要らない」と言った途端に睨みつける，捨て台詞を吐くような態度はご法度である。今回は無理でも，次回はコラボできるかもしれないからである。だからこそ問題が生じても，その場しのぎの対応をしてはならないし，上司は部下にそんな対応をさせてはならない。

　近年，経費削減で出張費が満額支給されないという理由で，本来自分がすべきことを病院の相談員に丸投げする行政職員が増えてきている。これは看過できない問題である。内部の問題であることを，電話一本で他者に丸投げするとは言語道断である。

## 4　理解して欲しければ同じ言葉を使う

　多職種とコラボをするには，意思疎通が何より大切である。そのためには専門用語やカタカナ，略語を控えて，相手の言葉で話すことである。たとえば筆者は精神保健福祉士と公認心理師であるが，社会福祉関係者とコラボする場面では，社会福祉的な視点で問題を定義し，解決方法も相手の枠組みに合わせるようにしている。一方で医療機関とコラボする場面では，医学用語やカタカナも使用するし，解決は医療の枠組みに当然ながら合わせることが多い。

　異国に行けば，その土地の文化や風習に合わせるように，コラボにおいても相手の文化にこちらが合わせることが大切になる。特に他職種と仕事をする場合には，自らの援助を相手の言葉や理論を借りて説明する必要がある。

　さらに人は，同じ「言葉」であっても想起するイメージが個々に違うものである。そのため自分には全く違和感のない「言葉」が，相手には「不愉快」ということもあるのである。

かなり以前の話になるが，ある医師は「『療法』ができるのは医師だけ。福祉士や心理師が『家族療法』をしてはならない」という考え方を持っていた。そこで筆者は，その医師と仕事をする時は，「家族療法」を「家族指導」または「家族教育」と言い換えていた。

## 5　真実を語ること（誠実）が大切

　コラボでは各々が真実を話して，それを受け止め，ともに問題解決に立ち向かうことができれば素晴らしい。また「利益の共有」がなければ続かない。勝ち負けではなく「ウィン・ウィン（win-win）」の関係をどう構築するか，それがコラボには欠かせないのである。

**事例①あの病院の紹介状は信用できん**
　ある日，家族に付き添われて患者さんが病院を初診した。手には近くの精神科病院の紹介状があった。それには「患者は最近まで当院に入院していましたが，退院しても仕事が見つからないことから貴院に入院し直して，作業訓練を受けたいと話しています…（以下略）…」と書いてある。家族も本人も挙動不審のような素振りはあったが，紹介状を信じて入院となった。しかし入院すると急に饒舌になった本人が言うには，「1年前から措置入院をしていたが，昨日看護師に暴力を振るったので，他所に転院しろと言われ，今朝措置解除され退院。その足で病院に来た」というのだ。これには正直驚いた。

## 6　責任を自覚する

　残念なことだが未だに精神科医療は，「医学的重篤度」ではなく，「処遇困難度（治安維持）」で入院が利用されることがある。たとえば認知症や知的障害の方の一人暮らしでボヤ騒ぎを起こすなどして入院をさせられることがある。しかし，このような理由で入院ベッドが使われると人権問題にもなるし，必要時にベッドが空いていなくて他の方の入院を受けられないということにもつながる。
　そこで精神保健福祉士は施設探しに奔走することになる。しかし

転院や施設入所を強引に押し進めれば, 先ほどの事例①と同じで, 受け入れ先に多大な迷惑をかけるかもしれない。そして貴重な協働相手を失ってしまうだろう。信頼を築くには時間がかかるが, 失うのは一瞬である。

したがってこのようなリスクを抱えた仕事では, 筆者は正直に「今後もしかしたら起こる問題」と「その対処法（薬物療法を含む）」をセットで伝えるようにしている。その上で「いつでも相談に乗るし, 対処できないほどの問題が起こった時は, いつでも再入院を受ける」と伝えている。そうするとほとんどのケースで施設入所を引き受けてもらえる。もちろん送り出した後は,「翌日」「1週間後」「2週間後」「1カ月後」に先方に電話を入れて, 様子を聞く。その時に相手の声が不機嫌そうであれば何か問題が起こっているのに違いないので, 直接訪問をした。

コラボや連携は「人」依存である以上, 筆者が「保証」することも致し方ない。余談だが電話の内容は「①施設職員への感謝と労い」「②対処の工夫への強い興味と感心」である。

## 7　手柄はとらない

コラボで大切なのは「ともに」という双方向的な情報共有と, 方向性や強さ, タイミングを「揃える」という協働的な関係性の構築である。これは「施設内コラボ」でも「他機関コラボ」でも同様である。もしコラボ相手とよい関係を維持したければ,「①良い結果になったら, 相手のお蔭と感謝を述べる」「②悪い結果になったら, 自分の力不足だったと相手に詫びる」, これくらいの心意気が必要だ。そして相手の不安, 意図, 動機, 文化的背景, 置かれている状況（立場）等を知っておくことも大切である。

## 8　他の施設や同僚の批判をしない

大変残念なことではあるが「施設内」または「他機関」を問わず, 次のような行動を目にすることがある。

①現在の主治医が患者を前に，前医の治療方針・処方内容にクビを
　かしげる，批判する。
②通所先の職員が患者を前に，現在通院している病院や主治医の悪
　口を言う。

「正義感」なのか「自分のほうが腕がいいという誇示」なのかは知
らないが，それを信じてきた患者自身をも否定することになり，苦
しめる。「木を見て森を見ず」の諺のように物事を深く理解する時は，
近づくだけでなく離れて全景を見なくてはならない。

## 9　自分の領域，他者の領域をわきまえる

　コラボがある程度前に進みだすと，相手の仕事の流儀がわかって
くる。その時に自分と他者との境界が緩んでしまい，他者が判断す
べき内容まで口出しをする人が出てくる。

### 事例②親切な？ 施設長

　ある施設の管理者であるＢさんは，若い頃に精神科病院で相談員
をしていたらしく，いろいろな手続きについても詳しかった。自分
の施設に通所中の患者さんが，サラ金に手を出して支払いができな
くなったという内容を保護者から相談され，患者さんが通院してい
る病院の精神保健福祉士に電話を掛けたのだった。「私の施設に通所
しているＣさんがサラ金に手を出し，支払いができなくなりました。
彼は○○病で，そちらの病院に通院しています。『労働能力はない』
と診断書を書いてもらえれば返済は免除になります。相談室に行く
ように言いましたからよろしくお願いします」

　さて，このＢさんの行動であるが，コラボとしては最低である。そ
れは「診断書を書けば返済が免除される」という医師の裁量につい
ても，自分の裁量でできるかのように相手に話しているからである。
いくら気の毒でも「診断」は医師の裁量であり，他者が口出すこと
ではない。その診断書によって「労働能力がないのか，もうだめだ」
と思うかもしれないし，あるいは「借金が帳消しになるな，もっと
借りるか」と思うのかもしれない。またこの診断書が運転免許や年

金診断書，就職活動とリンクするのは間違いないので，総合的に考えて医師が診断書を書かない可能性がある。しかし，医師に対してはこう言うだろう。「診断を書いてくれれば解決するのに。どうして書いてくれないのか，不親切だ」

　このような逆恨みを招いて，主治医との信頼関係を壊してしまうことになる。ではどうしたらよかったのか。Bさんは医師の領域の診断書にまで口を挟まず，「通院先の精神保健福祉士や主治医に相談してはどうだろう」で止めるべきだったのである。

## 10　職種ごとの考え方の癖を知る

　コラボ相手の特性もあるが，職業や肩書きといった社会的な役割でも「振る舞い方」は制限を受ける。例えば筆者の知り合いの小児科医たちは，親以上に「親」で，常に「巻き込まれ」という共通点がある。しかし，その理由が事例検討会を重ねるうちにわかってきた。小児科は「学年」「学期」，あるいは「入学」「卒業」という時間制限に追い立てられるので，ゆっくりできないのである。

　次に学校との連携の窓口であるが，養護教諭の場合もあれば，校長や教頭の場合もある。一家一言の集団を束ねるのは並大抵ではないが，それゆえ学校としての方針決定に時間がかかり過ぎる。そのタイムラグが保護者からすれば「相手にされていない」と映り，怒りを増幅させることがある。また教育委員会との関係性も影響大である。学校システムは複雑怪奇であるが，学校長や教頭に認められれば，随分と仕事はしやすくなる。そのためにも筆者は学校からの講演や研修依頼は断らないようにしている。

　最後に公務員。縦割りの中で生きているので，医師たちの扱いも上手である。

　これは実際の話であるが，昔ある病院に傲慢な医師がいて，福祉事務所の新米ワーカーに，「俺が退院といったら退院だ。お前は黙ってアパートを探して，生活費を支給しろ」とマウントしたらしい。やがて月日は流れて新人は県庁で病院を監査する立場のトップになっていた。「江戸の敵を長崎で」。その病院と医師は，たっぷりとツ

ケを払わされたのは言うまでもない。

## 11　すぐに評価しない

　アイデアを考えるときのコツは，途中でバカバカしいと気づいても口を挟まず，最後まで流れを止めないことである。途中で遮ると誰も意見を言わなくなる。また途中まで使えるアイデアならば，他のアイデアと置き換えれば，別のアイデアとして増やすことが可能になる。

　また事例検討会等の会議は，出席者も忙しい人が多いので，可能性のある意見が一つ出ると「それでいい」と飛びつき，他の選択肢（アイデア）を考えなくなる傾向がある。

　同様に医師や公認心理師が助言者として招かれる会議では，意見を求められても冒頭から答えるべきではない。答えてしまうと，それが正解として採用されてしまい，他の選択肢が出なくなるからである。

　コラボとは上下ではなく，対等な関係で行われるべきものであるから，現状の上位者とされる人（医師や施設の管理者など）が，意識的にその役を降りる（権威移譲）ことが最もうまくいくことになろう。そこで筆者が医師と事例検討会に招かれた際は，「先生，発言は最後まで我慢してください。全員が話し終えたら，それをまとめてもらって，これでいきましょう，きっとうまくいきますと言ってください」と，医師の発言に注文を出していた。

## 12　ビジネスマナーを知る

### １．挨拶と名刺交換

　あなたが他機関コラボを考えているならば，名刺は必要である。マナーとしては目下から先に出すのが基本であり，先方から先に出された場合には「遅れまして申し訳ございません」と断って受け取り，すぐに自分の名刺を差し出す。また同時に出した場合には，目上が受け取るのを待ち，次に自分がもらうようにする。

　同格の者同士で同時に出した場合には，右手で差出し，左手で受け

取るようにする。また椅子に座っていても，名刺交換の際は必ず立ち上がってするのがマナーである。右手で名刺の端を軽く持ち，相手の胸より下の位置で手渡すのが正しい形であり，間違っても目の前に突き出してはならない。

　訪問の際は，「どのくらいお時間をいただけますか」と最初に尋ね，たとえ時間内に目的が達成できなくても引き延ばさないことである。「再度お願いにあがります」と伝えて，爽やかに撤退することである。

## 2．電話のマナー

　電話をかける場合は，時間や状況など先方への配慮が欠かせない。そこで電話をかけたら「今，お話してもよろしいでしょうか」と最初に相手の意向を尋ね，その後で電話の目的を伝えるとよい。

## 3．携帯電話のマナー

　固定電話以上に先方の状況が掴みづらいので，「今，5分だけよろしいですか？」と，まずは相手の都合を聞くのが良い。逆に会議中や診察中に電話がかかることもある。その時は「いま診察中（会議中）なので後ほどこちらからかけます」と，はっきり伝えたほうがよい。

## 4．ビジネスメールのマナー

　連絡は電子メールが主となる。

　①緊急の要件には使わない（緊急は電話にする）。
　②重要な件は，電話確認もする（「これからメール送ります」）。
　③件名で内容がわかるようにする（9月23日の事例検討の出席確認
　　　○○病院 野坂）。
　④返信するときに，宛先欄に表示された相手の名前には敬称をつける。
　⑤企業名には（株）や略を使わず，正式名称を書く。
　⑥1行あたりの文字数は 25 〜 35 文字とする。
　⑦5行程度で一段落として，1行空ける。

⑧用件は5W1H「いつ・どこで・誰が・何を・なぜ・どのように」
　で簡潔に伝える。
⑨個人情報に注意する（個人のアドレスの場合と部署で共有の場合
　がある。アドレスが個人ではなく職場の独自ドメインが設定され
　ている場合は，担当者や上役が内容を確認する可能性がある）。

## 13　おわりに

　コラボにより自分だけではどうにもならなかったことが，あっと
いう間に解決できたりする。重い問題であっても誰かが一緒に背負
ってくれると，それだけで気持ちが楽になる。そして語る中で，絡
まっていた問題もほころび始める。これが「問題の脱構築化」であ
る。しかし中には絡まりをほぐすのではなく，「犯人捜し」に夢中
になる支援者がいるのも事実である。その場合はあえて「連携しな
い」という選択肢もあってもよい。よく効く薬（コラボ）は，副作
用もそれなりにあるのである。

第7章

# 地域医療における
# 精神障害者の尊厳と理解

## 1　はじめに

　筆者は，システムズアプローチを地域支援の方法論として多用する，一風変わった精神保健福祉士／公認心理師である。この40年間は武者修行と称して民間や公立の精神科を転々，最後の10年は行政で働き定年を迎えた。システムズアプローチを知る前は「直球勝負」，講演会の壇上から「偏見をなくしましょう」と訴えることが多かった。それがシステムズアプローチを知ってからというもの，「変化球」を多投するようになった。

　たとえば民生委員対象の講演中に，「援助活動はコミュニケーションを丁寧に行うことが大切で，これができると精神障害の患者さんとも普通に接することが可能」等と，知らぬ間に「参加者の目標」にしたりする。もちろん，これは「コミュニケーションが上手な人は，精神障害者を苦手としない」というロジックである。

　本稿では，巷の「援助と称して尊厳を傷つけている出来事」について報告し，尊厳を守ることの難しさを一緒に考えてみたい。また紹介する事例については，プライバシーを考慮して加工してあることをお断りしておく。

## 2　問題の外在化技法

　例えば「統合失調症スペクトラム障害」のように，診断名自体が不治の病のようなスティグマ（差別・偏見）が染みついている場合

がある。その場合は，筆者は「外在化」をしばしば使用する。

　問題の外在化とはご存知のとおり，White, M. によって技法化されたものである。問題を抱えた本人や家族は，「性格」「しつけ」「家族関係」が問題とされ，周囲から責められることが多い。つまり「犯人探し」の過程の中で，家族は深く傷つけられていく。そして疲弊して，解決への意欲と努力を損なっていく。そうならないように外在化技法を用い，家族の解決意欲を維持したり，高めたりすることは重要だ。

　筆者は，東豊先生（龍谷大学教授）から家族療法を教わっており，しばしば東流の外在化である「虫退治」を使う。しかし精神病圏の患者さんに，「お腹に虫がいる」等と言って症状悪化をさせてもいけないので，その場合は「問題の擬態語化」により，様子を見ることがある。

　たとえば，もじもじする人には「もじもじ君の今日の機嫌はどうですか？」とか，爆発的な暴力を振るう人には「今日はドッカーン君に爆発しないでね，と伝えてね」という感じである。次に筆者の外在化技法の手順を紹介する。

①雑談をしてジョイニング（波長合わせ，家族システムへの仲間入り）。
②「人には，わかっていても止められないものがあります。にわかに信じがたいでしょうが，もしかしたら虫の仕業かもしれません」「なぜなら昔から言いますよね，浮気の虫，疳の虫，虫の居所が悪いなど，昔から虫と人間は共存していたのです」「だから今回の問題も，案外虫の仕業かもしれませんよ」「つまり患者さんが一方的に悪くないかもしれません。そこまで落ち込む必要もないのです」と，本人や家族の自責感をまず拭う。
③その上で「目標は虫退治」または「上手に飼いならすこと」と，目標を明確にする。
④「どうしたら虫が騒がないのか」「まあまあマシだった日はないのか」と，例外の探索をし，もし「例外」があれば「どうやって乗り切ってきたのか」と，工夫や努力を丹念に聞く。
⑤支援者はそれに敬意をはらい，関心を寄せ感心する。
⑥虫の弱っていく経過や，残念ながら負けた日を「○勝○負」と，相

撲のように勝敗表を付けたり，強力な武器に名前を付ける等の視覚化も取り入れることで動機を維持することができる。

⑦「虫は，良くなったと油断すると反撃する」「失敗したときの周囲の失望が，虫の最大のスタミナ源で復活する」等の，失敗は想定の範囲内であるとの「ストーリー」をあらかじめ構築しておき，ドロップアウト（脱落）を予防する。

## 3　良かれと思った専門家の事例

### 事例1．医原病（医療行為が原因で生ずる疾患）

農作業で体を酷使した明子さん（仮名）は，還暦を過ぎてから関節痛が酷くなり，たびたびかかりつけ医を受診するようになっていた。消炎剤や鎮痛剤が投与されていたが軽減せず，最近では薬の量も多くなっていた。いつものように診察を終え，病院を出ようとすると顔見知りの看護師が後を追ってきて，こう囁いた「薬は全部飲んだら身体に毒ですよ。うちの先生，薬出すのが好きだから……」。

親切心からの忠告であったが，結果は裏目に出た。明子さんは「信じていた医師から毒を処方されていたとは」と，怒りや悲しさで寝込んでしまい，病院受診をやめてしまったのである。

### 事例2．患者の前で主治医の悪口

統合失調症スペクトラム障害と診断されている啓子さん（仮名）は，昨年から近くの障害福祉サービス事業所に通所を始めていた。そして「そろそろ障害年金を申請しようかな」と，家族にも相談していた。そのことを精神保健福祉士である施設長に話したところ，「ああ，あの先生ね。年金もらったら働く意欲をなくすと言って診断書を書かないらしい。この際，主治医を替えてみたら？」と言われたのだ。啓子さんは驚き，混乱した。信頼していた主治医をこき下ろされ，別の医師に替わるように言われたのだから無理もない。年金はもらいたい，しかし主治医は裏切れない。しかし，施設長の言うとおりにしないと通所できなくなるかもしれない。迷った挙句に再発してしまった。

**事例3．ケア会議**

　2000年の公的介護保険制度導入辺りから，地域で「ケア会議」と言われるものが開催されるようになってきた。マサル君（仮名）は21歳。軽度の知的障害がある。障害福祉サービス事業所に通所していたのだが，あることを機に通所を渋り，無理に通所させようとする父親と，本人の気持ちに寄り添う障害者就業・生活支援センターの社会福祉士が，真っ向から対立した。

　社会福祉士は，「通所を渋る原因は，障害福祉サービス事業所の指導員にある」と判断し，保健師や民生委員を味方につけ「ケア会議」を開くことにした。全体の場で「事業所の指導員こそが原因である」とアピールしたかったのである。

　本人も母親も出席したのだが，当日になって父親と，障害福祉サービス事業所の指導員が欠席との連絡があった。案の定，会議では「父親の養育態度」や「障害福祉サービス事業所の指導方法」が問題であると，保健師や民生委員，学識経験者の元校長先生等から次々に意見が述べられた。それを聞きながら，自らの援助の正しさが認められたと，社会福祉士は嬉しそうな表情であった。しかし翌日に大炎上。欠席した父親は母親から事の顛末を聞いて大激怒し，主催した市役所に怒鳴り込んだのである。さらには，もう一人の犯人とされた障害福祉サービス事業所も大激怒。早速マサル君の出入りを禁止し，次に市役所と社会福祉士を激しく非難した。当然である。

　しかし会議の出席者たちは反省するどころか，そういう攻撃性こそが今回の原因であると確信したというのだから情ない。

　カウンセリングであろうがケア会議であろうが，現実は言葉によっていかようにも作られる（これを社会構成主義という）。その結果，「父親のせいで／障害者福祉サービス事業所のせいで」という事実が構成されてしまう。だからこそケア会議においては，家族療法の訓練を受けた司会者が必要なのである。

## 4　失敗（挫折）体験が再発につながることがある

　最近の若手の精神保健福祉士を見ていると，統合失調症スペクト

ラム障害の方に対して，再発を招くとされる「迷わせる」言動をしていることがあるので驚く。その原因の1つは，精神保健福祉士が「医学モデル」から脱却し，「生活モデル」へと軸足を移したという歴史的背景の影響が考えられる。つまり病気を見ずに生活を見る，欠点に注目するより『利用者の強さ（strengths）』に着目するということである。確かに利用者の可能性を信じる，尊厳を大切にする，生活を大切にする，といった関わり方は医学モデルでは叶わなかった。

しかし精神障害者に限定すれば，「医学モデル」と「生活モデル」の両方の視点が大切であると筆者は強く思う。勝手な憶測だが，「医学モデル」から離れすぎてしまったのではないかとさえ思う。換言すれば「生活」を重視するあまり，病気や障害の特性への配慮が足りないとも思える。

### 事例4．差別解消を訴えることで

統合失調症スペクトラム障害の智美さん（仮名）は，2人目の子どもを出産後に発病した。何回かの入退院後に近所の障害福祉サービス事業所に通所を始めた。そのことを夫は理解してくれたのだが，同居の姑は「近所に恥を知らせるのか」と，快く思わなかった。ある夏にその事業所でイベントが開かれた。偏見解消のために夏祭りを開き，地域の人を招待して交流を図るというものである。そこで智美さんは困って（迷って）しまう。「地域から隠れて通所していたのに知られてしまう」「子どもがいじめられるかも」「実家の兄には病気のことも隠しているのに……」。しかし，施設長から「通所者全員で舞台にあがり，偏見解消を訴えます。歌も歌います」と言われ，ますます追い込まれたのである。「施設長は，いわば社長。これを断ったらクビだろうな」。そう考えた智美さんは再発して入院となってしまった。回復には実に3年もの時間を要し，その間に彼女は大切な家庭を失ってしまった。

これらの事例はすべて実話である。一対一では成立していた援助

が，集団の中では複雑に絡み合い，支援者にとっては「正しい」こ
とも，クライエントにとっては「迷惑」であることもある。

## 5　精神保健福祉士のしごと

精神保健福祉士は，社会復帰施設や行政機関においても雇用され
ているが，ここでは精神科病院においての業務を紹介する。

### 1．受診・受療援助

「これは果たして病気なのだろうか」と，判断しかねている来談者
の相談に応じる。そして医療が必要であると判断すれば，どのよう
な医療サービスが提供できるのかをオリエンテーション（順応でき
るように教育指導）する。

世間一般の精神科に対しての偏見はまだまだ根強く，精神科受診
の敷居は高い。そのため来談者は不安や緊張を抱えて受診する。そ
の気持ちをまずは受け止め，その人の置かれている状況（家族関係，
職場環境，社会環境）を聞き，語られる「主訴」を考える。

次に生活史や経歴を聞くが，ポイントは自発的な受診か，無理や
り連れてこられての受診か，という「受診動機」をおさえることで
ある。これは相手の「文脈」を知るためにも重要な鍵となる。無理
やりであれば，まずはその不本意さに焦点をあて，その気持ちを汲
むところから始めなければならない。この作業を軽視すると信頼関
係を構築することが難しくなる。

またカルテなどへの記載は，相手の使用した言葉をそのまま記載
するとよい。例えば「何かあると夫がすぐに私に手をあげる」と話
したところを，「夫は度々妻に暴力を振るっていた」と記載すれば，
そこには予診をとる者の解釈や善悪の価値判断が込められる。こう
やって善悪の価値判断が付与された情報を持ち込んでしまうと，当
然ながら医師や看護，公認心理師たちは，そういった色眼鏡で援助
をすることになる。

## 2．働きかけの方向と程度，そしてタイミングを揃える

　まずは安心して療養生活が送れるように，入院が決まれば入院生活上の問題や心配事をケースワークする。そのうえで職場や家族との関係が病状に深く関与している場合には，その関係改善を図ることになる。ただし人はそれぞれの「正しいこと」が違うので，関係者や支援者が多ければ多いだけ，その解決方法が異なることになる。たとえば子どものある種の行動を「親の躾が悪い」のか，「性格」なのか，はたまた「甘えたいというサイン」と見るかでは，働きかけの対象も方法も全く違うものになる。それはまるでオーケストラのようである。一人ひとりは優秀な演奏者であっても，好き勝手に演奏したのでは単なる騒音になる。そこで指揮者がテンポや強さをコントロールして，はじめて素晴らしい音楽となるのである。精神保健福祉士にも関係者に働きかけて，援助の方向性や程度，タイミングを揃えることが求められている。

## 3．経済的な援助

　安心して治療が継続できるよう，障害年金や各種手当を受給できるように支援することが欠かせない。その時に必ず「治療」という文脈を意識する必要がある。たとえば医師や看護師が就労を勧めている文脈で，精神保健福祉士が「生活保障」や「権利」として障害年金を勧めることは，まったく逆の働きかけになる。これではチーム医療とは言えない。

## 4．PSW は MHSW に

　精神保健福祉士の前身である PSW（精神医学ソーシャルワーカー）は，かつて「医学モデル」の中で「治療者」的な役割を果たしてきた。しかし 1970 年代になると「生活モデル」に認識論を展開し，「病気」を見ずに「生活」を見るというスタンスになる。そのことでクライエントとの関係性は，「上下関係」から「横の関係」になり，PSW は「治療者」ではなく「支援者の一人」になったのである。クライエントを「病者」や「障害者」として扱えば，会話の

関心事は「症状」や「問題点」になる。つまり会話をすればするだけ，クライエントを「病者」や「障害者」の役割に縛ることになる。ところがクライエントを「病という個性を抱えた普通の人」という認識で接すれば，会話は自ずと「生活」中心となる。「医学モデル」より「生活モデル」が素晴らしいのは，まさにここにある。しかし注意しなくてはならないのは，あなたが医療の中で働いている場合は，「医学モデル」で説明しないと，医療スタッフとの軋轢が生じることである。また精神保健福祉士は，国家資格化以降も PSW（精神医学ソーシャルワーカー）を名乗っていたが，2019 年 4 月からは「MHSW（Mental Health Social Worker)」を英名として使うようになっている。

### 5．就学・就労・住居に関する援助

　患者さんにとって「食べる」「働く」「住む」ことは，生活の基盤である。病院の中や地域でこのことに正面から取り組めるのは精神保健福祉士である。

### 6．人権の擁護

　精神科病院では，判断能力が低下している患者さんに対して，やむなく行動制限を行うことがある。しかし，一部の病院では医療内容や処遇に対して不満を訴えた場合に，制裁として退院を延期したり，薬を増量したりといった人権侵害が，今もあると聞く。そこで内部監視をして人権擁護をすることは大切であるが，経営者には「飼い犬に手を噛まれる」と映るので，早々に捨てられる（解雇される）ことになる。筆者も何度も怖い思いをしてきた。

## 6　大切だと思うこと，大切にしていること

　ここでおさらいとして筆者が考える「尊厳を守る」ために大切なことや，有効な振る舞い方について書いてみる。

## 1．チームワーク

　チームワークで大切なのは，相手の学んできたことや価値観（正しさ）を否定しないことである。それは換言すれば，相手のものの見方や考え方を認めた上で，協働する領域を見つける・作るということになる。特に医学においては社会福祉や心理という分野は畑違いであり，異質であることは間違いない。したがって援助の場面では医師や看護師の考える解決策の範囲，あるいは延長線上に心理援助やソーシャルワークがあることが望ましい。そこで肝心なことはクライエントの依頼だけで援助を行わないことである。医師や看護師は，医療の場においてのクライエントの父親や母親であると考え，あらゆる援助を勝手にせず「お許し（許可）」をもらうのがよい。まだまだ精神保健福祉士や公認心理師は長い医療の歴史のなかでは新参者であり，勝手に動くと縄張りを荒らすことになる。いきおい有害鳥獣として駆除されることは間違いない。長いものには巻かれるという姿勢や振る舞いは，チームの中では大切だ。

　筆者が考える鉄則は，

「でしゃばらない」

「手柄をとらない」

「相手を立てる」

　これに尽きる。したがって精神保健福祉士や公認心理師が，「医師や看護師」「他のスタッフ」「地域の支援者」と関係が悪ければ，クライエントは板挟みになる。

## 2．認めてもらうこと

　かつてテレビ番組で『田舎に泊まろう』というものがあった。かつての人気タレントが山村や漁村を訪ね，一晩泊めてもらう交渉をするという企画である。多くの場合で村民がタレントを知らないため，夕飯時に訪ねてきて「一泊させろ」という無礼者に露骨に拒否をする。タレントは自らの栄光を知らない人の前では，本当に「ただの人」であり，顔をこわばらせながら懸命にお願いするしかない。筆者は，自分を認めてもらえないことのつらさや悲しさが手にとる

ようにわかり，ついつい引き込まれてしまっていた。しかし，そういう時にこそ「レジリエンス（うまく適応できる能力）」の有無がわかる。あるタレントは，無駄とわかっていても自分が特別な存在であることをアピールするために歌い続ける。別のタレントは，名前が知られていないと知るや，さっさと芸能人の看板を下ろし，「普通の人」として農作業の手伝いや，風呂を沸かす作業を手伝い，一泊のお礼をしようとする。そうやって世間話に相槌をうち，その土地，その家族に溶け込んでいく姿は，まさに「ジョイニング」そのものである。

## 3．フットワーク

　「必要即応」こそが，精神保健福祉士の真骨頂だ。たとえば面接室から飛び出して，クライエントの生活している地域や自宅に出向き，家族調整や地域調整を行えば，凄い切れ味の介入になる。しかし，その切れ味ゆえに，一歩間違えればクライエントや家族を大きく傷つけるかもしれない。日常生活の困り事を丹念に聞いていく，そして暮らしを支えることで再発を予防する。このことが精神保健福祉士のあるべき姿であると筆者は考える。また自分の向かう先，現在地を常に確認しておくことが，クライエントとともに遭難しない最低限のエチケットであろう。

第8章

# アウトリーチにおける危機介入

## 1　はじめに

　筆者は，精神保健福祉士（MHSW）と公認心理師の資格を持つ援助者である。精神科病院で30年，行政で10年働いた。ACT（Assertive Community Treatment）のような多職種で包括的な訪問支援の経験はないが，主に統合失調症スペクトラム障害の患者さんのお宅を訪問支援してきた。その中で「ゴミの分別で注意を受けた」「隣に女性が越してきた」等の出来事で，いとも簡単に再発につながることを知った。

　アウトリーチが制度化すれば，何らかの理由で通院や通所ができない人，既存の精神保健・医療・福祉サービスにつながらない受療中断者・未受診者，ひきこもり状態の人たちに援助の目が向けられやすくなる。しかし，さまざまな理由で訪問支援にまで手が回らない，という医療機関が多いのが実情だ。たとえば筆者が勤務していた山間部の病院は，患家まで片道40キロは珍しくなかった。どう頑張っても半日で1軒しか訪問できず，はっきり言えば赤字であった。このように僻地においては診療報酬のみでは継続できないことがある。しかし本稿ではその問題には踏み込まず，アウトリーチ支援を行う際の勘所（特に新人向け）について述べてみる。

## 2　統合失調症スペクトラム障害の行動特性について

　精神保健福祉士等の資格取得後すぐに，「障害者就業・生活支援センター」等で働きだす人もいる。医療機関ではないので精神療法ま

で学ぶ必要はないのかもしれないが，「統合失調症スペクトラム障害の行動特性」や「向精神薬の基礎知識」は最低限学んでおくとよい。そうしなければ，医師や看護師等の医療職との連携に支障が出る。まずは「行動特性」を簡単に説明しよう。

①手順を踏まず，段階を飛び越えて行動する。
②何が重要であるか，そうでないかの区別がない。
③課題に直面すると，生活破綻する。
④お世辞や社交辞令，冗談がわかりにくい。
⑤迷いやすく，待たされることが苦手である。
⑥不意打ちに弱い（変化に弱い）。
⑦正直者で嘘がつけない（嘘も方便ができない）。
⑧全体の把握が苦手で話が唐突になる。
⑨優先順位がつけられない（例：私たちは複数の用事があっても，緊急度や締め切りの有無で優先順位をつけて対応し，混乱を避けることができる。しかし統合失調症スペクトラム障害に罹患すると，情報処理が難しくなり，一度に解決を求めてしまい破綻しやすくなる）。

## 1．「関係性」がすべてに優先する

「この人は自分の味方だ」「わかってくれた」と，短時間で相手に思ってもらうためには，家族療法の「ジョイニング」が参考になる。具体的には「相手の雰囲気や家風に合わせる」「褒める」「興味がある話や雑談で緊張をほぐす」「相手の話に合わせる」「相手の文化やルールに合わせる」等がその技術になるが，アウトリーチ用に換言すれば，次のようになる。

①説得しない，否定しない（相手が感じていること，考えていることがここでは「事実」。妄想と否定したところで何も変わらない）。
②症状の背景には「理由」や「意味」がある（患者さんに寄り添うには，背景を知ることはその助けになる）。
③信頼関係の未構築での「助言」「訪問」は，「否定」「攻撃」「侵入」になる。
④誠実な支援をする（嘘をつかない，失礼があれば詫びる）。

## 2. 働きかけのポイントと関係性の構築について

筆者は，次のポイントを重視している。

①目を見過ぎない：中井久夫先生の名著『精神科治療の覚書』（日本評論社，1982）の中で「視線の被爆量」と明示されているとおり，統合失調症スペクトラム障害や不安症群の方は，他者の視線に敏感である。したがって「人と話す時は相手の目を見る」という接遇の常識が，仇になることがある。

②発病前後を根ほり葉ほり聞かない：発病前後は，思い出したくない，つらい体験である。それを思い出させることは，心の傷を再度負わせることになる。

③頼まれたことを援助する：裏を返せば，頼まれないことはしないことである。しかし精神保健では，周囲の依頼で患家を訪問することがある。そこで「これは誰のための援助なのか」を考えることが大切である。

④劣等感に苦しむ人は，何気ない一言で傷つくことがある。

⑤「愛情」ではなく，「親切な他人」に徹する：無理して支援を続けると，その代償を相手に求めて，「怒り」を感じやすくなる。

⑥タイムリーな介入が，再発を防ぐ。

⑦再発時のパターンや前兆サインを把握する：たとえば「食事や睡眠が不規則になる」「喫煙や酒量が増える」「通院・服薬が不規則になる」「服装や化粧が急に派手，または全くしなくなる」「やたら副作用や身体の不調についての不満が多くなる」などの前兆サインを把握しておくとよい。

⑧働きかけは一度に一つ：この病気の特徴としてエネルギーの低下がある。したがって，あれこれ欲張った指導は受け流されることになる。たとえば「朝7時に起きて，歯を磨いて顔を洗って，髭を剃りなさい。その後は服を着替えてデイケアに通いなさい」という連続した幾つもの課題はやめ，「朝は7時に起きましょう」だけにし，それが確実にできれば順々に追加していくとよい。

## 3. 訪問活動のコツ

病院内であれば，たとえ患者さんが興奮して暴れたとしても，スタッフが駆けつけて精神保健福祉法による「身体拘束」ができるかもしれない。しかしアウトリーチは患家で，しかも1〜2名で行うことを考えれば，安全管理の面で心細いのも事実である。多くの情

報を集め，あらゆるリスクを想定しておくことが大切になる。

①誰が，何に困っているのか：少しでも上手に援助したいのならば，「（本人が）困っていること」と，「（周囲や家族が）困っていること」を混同しないことだ。たとえば「夜中に大声をあげて怖い」というのは，周囲の困り事であって，本人の困り事ではない。本人の困り事は，「収入がなくて生活が厳しい」「家賃が払えない」ことかもしれない。だとすれば援助内容は，本人と周囲の困り事の「重なる部分」を見つけるか，分数の分母を揃えるように共通項を探っていくことになる。

②援助のベクトル（方向・大きさ・量）を揃える：社会福祉関係者は，できるだけ多くの支援者と制度を本人の周りに配置しようとする。そのことは間違ってはいないが，実際には支援者が増えれば増えるだけ，個々の価値観や援助論がぶつかるので足並みが揃わない。時には本人を前にして，他の支援者の方針批判を聞かせることも珍しくない。しかし統合失調症スペクトラム障害の方々は，そういった「板挟み」にとても敏感で耐えきれない。あっと言う間に病状悪化をして再入院ということになる。したがってチームを仕切る「ボス」を置き，援助のベクトルをコントロールする必要がある。

③事態が進展しない時は，「場所・時間・頻度・人」を変えてみる：いつも母親や祖母と話をするならば，「今日は息子さんと2人だけで，男の話をしてもいいですか」と許可を得た上で，2人だけで話をする。その許可が難しければ，故意に母親や祖母が不在の時間を見計らい，偶然近くを通りかかったことにして訪問する。すると，家族がいる時は無口で「この子は全く喋りませんし，寝ているだけ」のはずの本人が，結構喋ったり，お茶をいれたりすることがある。

④「家族は加害者ではない」という前提で接する：虐待に近い言動や，他人事のように無関心を装う家族もいる。しかし最初からそんな対応をしていたわけではなく，今まで一生懸命に考えつくことはやってきたし，近隣のあらゆる医療機関や相談機関を訪ねてきたが全く効果がなかった。むしろ機関ごとに全く違う指導内容で，関係性がどんどんこじれてきたことで学んだ「他人行儀」であったりする。「それほどまでに大変な歴史があったに違いない」という前提で接すると，家族からの反応が好転し，随分と協働しやすくなるのでお勧めする。まずは家族にこちらが信用されない

と「関わる許可」をいただけないのである。

⑤相手のわずかな変化に気づく：相手のわずかな変化（頷き方，視線の合わせ方，表情，仕草，声の大きさ，トーンなど）に敏感になる。そのためには，「普段の間」を知っておき，援助過程で生じる変化（違い）を観察することだ。

⑥短時間で全体像を掴むには：ゆとりがある時は「それは大変でしたね」と共感すればいいが，危機介入を必要とする案件においては，短時間で情報を収集し，保護や入院を決定しなければならない。そのためには感情は扱わず，「何があったか」という事実を淡々と時系列で聞き出すのがよい。その際の受容・共感は表情で伝え，「誰が？」「で？」「その後は？」「なるほど？」「それを知っているのは？」「それは実際に？」等の合いの手を入れながら話を前に進めるのである。

⑦「事実」と「想像・推理」を区別する：困っている人は，自分中心に（主観的に）「原因－結果」を想像し，脚色する。たとえば母親が，支援者に向かって「息子が私を殺そうとした」と話したとする。これをそのまま受け取らず，詳しく聞くのが良い。すると1回頭を殴ったことは本当で，「殺してやる」という発言はなかった。つまり「殺そうとした」というのは母親の恣意的な想像・推理であったのだ。その他，周囲の「あいつならやりかねない」が，「あいつがやった」と脚色を加えられることもある。

⑧入院を唯一の方法としては認識させてはならない：一刻も早く事態の収拾にあたらなければならないことがある。しかし精神科への「強制入院」という方法を一度でも使ってしまうと，それが定番になる。また家族は暴言・暴力の被害者になることが多い。したがって，過去の記憶が蘇り，過剰反応となることが多い。ちょっとした口論であっても，家族は「暴力の前兆」としてしか思えず，入院目的で受診させることが多い。

⑨本人の「プライド」を大切にする：患者さんは劣等感に苦しんでいる。ゆえにプライドを尊重することが，信頼関係構築には大切な要素となる。入院や受診勧奨をする時は，そのプライドやメンツ，「立つ瀬」を考えた説得が受け入れやすくなる。たとえば「病気が悪化するから入院しなさい」ではなく，「お母さんが疲れている。不本意だろうが1週間だけ入院して，お母さんを休ませてあげたらどうだい」のほうが受け入れやすい。

## 4．急性期の患家を訪問する際の危機管理

　精神科医療における隔離や拘束は，刑法における逮捕や監禁であり，それを「医療」と呼べるのかという意見がある。たしかに多くの患者さんが隔離と拘束によって傷ついてきたことを私たちは忘れてはいけない。

　また医療との最初の出会いにおいて，自分の尊厳を守ってくれるのか，まったく無視されるのかで，医療に対するスタンスは決まるし，大袈裟に言えばその後の人生が変わってしまう。したがって最初の出会いをするスタッフの責任は重大である。自らの安全を考えるということは，相手の安全にも繋がることになる。そこで次の「チェックリスト」を参考にして欲しい。

　①適正な人数や，安全な方法を検討したうえで訪問に臨むこと。
　②訪問前に可能な限り情報を集め，現在の状況，症状，予想される
　　行動についてスタッフ間で議論し共有すること。
　③相手の逃げ道（部屋の出入り口）を塞がない。動線上に座らない，
　　立たないこと。
　④殴られない，蹴られない距離で話すこと。
　⑤いつでも防御できるよう，両手は空けておくこと。
　⑥相手の正面ではなく，斜めに立つこと。
　⑦こちらの緊張や興奮は相手に伝わるので，落ち着いた態度と口調
　　で話すこと。
　⑧とりあえず口を挟まず，言い分を聞くこと。
　⑨聞きながら相手が落ち着いてきたのか，逆に興奮が強くなったの
　　かを観察すること（おどおどの態度はだめ）。
　⑩興奮が強くなってきたら「ちょっといい？」と断って，質問し話
　　題を変えること。
　⑪話題も変わらず，一方的であれば，いったん撤退すること。

## 5．訪問前に確認しておくこと（自問自答シート）

　アウトリーチにおいては，「想像力」「観察力」「決断力」が大切となる。しかし初心者は何を想像して，何を観察し，何を判断するかがわからない。そこで『自問自答シート』を作ってみた。

自問自答シート

①本人や周囲からの聞き取り，経過をみれば，本人の拒否を示す行動は「　　」である。

②本人と周囲で繰り返されている悪循環パターンは「　　」である。

③これまでの支援で効果のあったことは「　　」で，逆になかったことは「　　」である。

④本人の支援者は「　　」「　　」「　　」「　　」で，それぞれの考える解決は「　　」「　　」「　　」「　　」である。

⑤今回の訪問が失敗すれば，「　　」というリスクが考えられ，それを回避するには「　　」という方法がある。

⑥今回は「　　」という方法を選択するが，それに必要な人員，通信方法，応援体制は「　　」であり，その確保はできている。

⑦援助方法は，法律的にも倫理的にも妥当なものである。

## 3　おわりに

　患家や地域にこちらから出向き，その「問題」「問題とされる人」「地域」に働きかけるアウトリーチという手法は，極めて効果的であることには異論がない。しかし切れ味がよいということは，時に傷つけてしまったり，自らも怪我を負ったりするリスクがある。暴力被害については，「CVPPP（包括的暴力防止プログラム）」というものがあり，「日本こころの安全とケア学会」（事務局は，独立行政法人国立病院機構肥前精神医療センター内）で実施されている。こういった研修を受けておくことをお勧めする。

第9章

# クライエントのスキルを育むために

## 1　技法の概要

　WHO（世界保健機構）は，Social Skills を「日常生活の中で出会うさまざまな問題や課題に，自分で，創造的で，しかも効果のある対処ができる能力」と定義している。しかし研究者間では Social Skills を行動とみなす者，あるいは能力とみなす者，その他の捉え方をする者が乱立し，統一した見解はない。したがって日本語表記も「社会技能」「社会的技能」「ソーシャル・スキル（ソーシャルスキル）」「社会的スキル」「生活技能」と定まらない状況である。

## 2　ストレス−脆弱性−対処技能モデル

　Social Skills Training（SST）の理論的背景は，ストレス−脆弱性−対処技能モデルである。これは，元々の生物学的脆弱性に環境からのストレスが加われば発症・再発の危険が高まるが，ストレスへの対処技能を高めることで危険性を回避できるという考え方である。

## 3　ソーシャルスキル不足で起きること

　スキル不足は，実にさまざまな問題を引き起こす。

①人間関係を上手に構築，または維持することができなくなる。
②対人接触が減少し，孤独感を持ちやすくなる。
③報酬を得る行動が減少するため，憂うつ，考えがまとまらない，不満を持ちやすい。

## 4　スキルを高める訓練

そこで次のような訓練がある。

### 1．SST

　SST はカリフォルニア大学のリバーマン教授（Liberman, R. P.）らが考案した支援方法で，ストレス脆弱性仮説に基づいた認知行動療法である。SST は「対処法を身につける」点に着目し，スキルの改善が疾病や障害の自己管理，生活の質の向上につながると考えられている。

　日本においては 1994 年 4 月に「入院生活技能訓練療法」として診療報酬化され，一気に拡がった。現在は医療機関以外でも社会復帰施設，矯正施設，学校，職場などで実践されている。また奈良先端科学技術大学院大学と奈良教育大学の共同研究グループが，SST をコンピュータで自動化する技術を開発し，被験者の能力向上を確認したという（田中ほか，2014）。

　SST の学習原理は次の通りである。

　　問題を同定する：症状や問題は，不適切な行動の結果である。
　　長所を調べる：長所を調べて訓練に活かす。
　　補強的な治療同盟を作る：家族や関係者とも良好な関係を作る。
　　目標の設定：具体的で実現可能な訓練目標にする。
　　行動リハーサル：ロールプレイを行う。
　　正の強化：訓練参加に対して正のフィードバック・強化を行う。
　　行動形成（shaping）：小さな行動を重ね，一連の社会的行動を形成する。
　　促し行動（prompting）：短い指示や効果的な非言語的行動を教える。
　　モデリング：実際の行動を示し，行動改善の方法を教える。
　　宿題：宿題は実際の場面で行うことが求められる。

### 2．コーチング（coaching）

　コーチングは人材開発の技法の 1 つで，対話によって相手の自己実現や目標達成を図る技術である。コーチングには，5 つの中核的

なスキルがある。

　　質問のスキル：過去質問や否定質問を避け，「どうしたらうまくいく
　　　のか」「それをやるにはどうしたらいいのか」といった肯定質問，
　　　未来質問を心掛ける。
　　傾聴のスキル：「きく」には，聞く（自然ときこえる），訊く（質問
　　　する），聴く（心できく），という３つの段階がある。
　　直観のスキル：どのような質問をするかは直観であり，結末は予測
　　　できないものである。
　　自己管理のスキル：上司は自らの思考，感情，健康，時間の管理が
　　　必要とされる。
　　確認のスキル：上司は部下の未来，現在，価値観を確認する。


## 3．問題解決技法

　「現実」あるいは「問題」は，会話というソーシャルな相互交流を
通して構成されるというのが「社会構成主義」である。そして問題
解決技法は，「内なる自分」との会話を通して問題を解決していく技
法である。

　　問題の同定と目標設定：「幽霊の正体見たり枯れ尾花」という諺があ
　　　る。恐ろしいと思っていると，何でもないものまで恐ろしく見え
　　　てくるという意味である。つまり問題をしっかり観察し，具体的
　　　に同定する（突き止める）のが大切である。
　　ブレインストーミング：「簡単に結論を出さず」「自由奔放な意見でも
　　　歓迎し」「とにかくさまざまな角度から多くの意見を出し」「別々
　　　のアイデアをくっつけたり，一部を変更したりして新たなアイデ
　　　アを生み出す」作業を行う。
　　各解決策の検討：一通り解決策が出たら，それぞれの解決策の長所
　　　と短所を考えてみる。
　　解決策の採用決定：解決策は時間・予算・技能などを考慮し，最も
　　　効果的で現実的なものを採用する。
　　実行：いつ，どこで，どのように実行するかを具体的に決め，後は
　　　淡々と実行する。
　　評価：うまくいったところ，そうではなかったところを評価し，次
　　　に活かす。NLP（神経言語プログラミング）の中には，「失敗は存
　　　在しない。ただフィードバックがあるだけ」という一節があるが，
　　　これはあらゆる訓練に当てはまる。

### 4．アサーション（assertion）

　アサーションは，平木典子氏が日本へ紹介した「自分も相手も大切にする自己表現法」である。1950年代半ばに北米で生まれ，もともとは人間関係が苦手な人，引っ込み思案でコミュニケーションが上手でない人を対象としたカウンセリング方法・訓練法である。

### 5．PDCAサイクル

　PDCAとは，Plan（計画）→ Do（実行）→ Check（評価）→ Act（改善）の4段階のことであり，生産管理や品質管理業務を円滑に進める技法である。しかし，これは仕事のスキル向上のためのものであるので，ここでは参考にしない。

## 5　カウンセリングとしての質問法

### 1．「なぜ？」より「どうやって？」

　親・先生・支援者の「なぜ？」という問いかけは，クライエントにとっては「責められた」「吊るしあげられた」となりやすい。だから「なぜタバコを止めましたか？」ではなく，「どうやってタバコを止めることができたのですか？」と尋ねれば，スキル確認の質問になる。

### 2．5W1Hから「WHY」を外した質問

　クライエントが問題を話し始めたら，「いつ」「どこで」「誰が」「何を」「どのように」を確認する。これにより問題は「いつも」ではなく，「特定の状況」で起きていることがわかる（例外の探索）。さらに「もし〜がなかったら」ではなく，「困った時に何が助けになりましたか？」と尋ねれば，解決スキルの確認になる。

### 3．最も効果の少ない質問

　「はい」だけで答えられる質問は，考える機会を奪うので効果の少ない質問である。

### 4．「その代わりに」と尋ね，目標を引き出す

　「いつも娘が嘘ばかり。本当に困っています」という母親に，「嘘をつく代わりに，娘さんにはどうなって欲しいのですか？」と尋ねれば，目標を引き出す質問になる。

### 5．焦点を当てた質問

　悲観的になると，「いつも」「毎回」「全然」といった副詞を自然と多く使う。つまり，日常には「まあまあの日」「普通の日」があることに気づかないのである。そこで次の質問で「発見」を促すことができる。

・「まあまあの日ってありますか？（例外探索）
・「それができたことをどう思いますか？」(能力を明らかにする質問)
・「これを繰り返すには何が必要でしょう？」(例外を導く質問)
・「何をすべきか，もうわかっていますね？」(例外は可能であることを示唆する質問)

### 6．スケーリング・クエスチョン

　具体的に数値を示し，良い時と悪い時の差異を明確にし，変化の度合いを明らかにする。また今後の目標設定にも使うことができる。

・「最悪だった2年前を0点，バリバリだった頃を90点とすると，今の体調は何点ですか？」
・「50点ですか。60点になったら職場復帰訓練を始めたいけど，それにはどこがどうなったら10点増やせますか？」
・「朝起きたときの気分が良かったら，何点になりそうですか？」
・「えっ，前回40点が今日は70点とは。どうやったら30点も増やせたの？」

### 7．コーピング・クエスチョン（対処法の質問）

　質問をすることで，クライアントが自らにレジリエンス（うまく適応できる能力）が備わっていることを気づかせる質問である。

・「よくこんな状況でやってこられましたね。どうやって乗り切っ
　てきたのですか？」
・「今日，お会いできたということは，最も大きな危機は脱したと
　いうことなりますかね」

## 6　「問題の外在化」と「虫退治」技法について

　一般的に「問題」を抱えた本人や家族は，性格や家族関係，育て方
に問題があったとされやすく，誹謗中傷されて深く傷を負う。「問題
の外在化」は，マイケル・ホワイトによって技法化され，問題を人
格化して，その中にあるはずの「問題」と人々との距離を離し，関
わり方を見直す機会になる。また支援者のポジションはクライエン
トと対峙せず，解決に向けて協働することが可能になる。人は自分
のことは観察しにくいが，「外在化」によって自分と別人格になった
途端に洞察が深まるのには驚嘆する。

　「虫退治」技法は，筆者の師匠である東豊氏が開発した技法であり，
極めて「外在化」に近い技法である。ここまで紹介してきた技法のエ
ッセンスが凝縮された効果的な技法であるので，最後に紹介しておく。

### 1．筆者が考える「虫退治」の手順

①「これは虫のせいだから誰も悪くない」と，本人や周囲の自責感
　を最初に拭う。

②「目標は虫退治または飼い慣らすこと」（虫・感情・行動のコント
　ロール）と明確化。

③「どうしたら虫が騒がないか」という研究，「まあまあマシの日は
　なかったか」という例外の観察をさせ，なおかつ「どう乗り切っ
　てきたのか」という工夫や努力を詳しく尋ねる（語らせる）。話し
　ながらクライエントは自らに力があることに気がついていく。

④治療者は，工夫や努力に大いに感心しながら，関心を寄せ，敬意を
　払う。そしてクライエントを評価しない（上から目線にならない）。

⑤「虫」の弱っていく経過や，「虫」に負けた日を「○勝○敗」と勝
　敗表をつけたり，「虫」の似顔絵をスケッチしたりするのも効果が
　ある（視覚構造化）。

⑥「虫は，こちらの問題が解決に向かいだすと油断させておき，失敗

させることが常套手段」「またその時に，やはり駄目だったかという家族の失望やため息が，虫の大好物である」と，途中の失敗も想定した脚本を先に示しておくことがドロップアウト（脱落）予防になる。

## 事例①虫退治

　あゆみ（仮名）は 24 歳。1 年前，妄想で近所の窓ガラスを壊し，警察に保護。その後に精神科に入院となった。しかし診察も服薬も拒否，説得する看護師に飛び蹴りをする始末。当時の診断は「統合失調症スペクトラム障害の疑い」であった。初回面接で筆者は「少しでも早く退院したいのならば全面協力する。しかし医師や看護師の意見は重要なので，病気が良くなったフリをしてでも印象をよくしなさい。具体的には毎朝 7 時に起きて食事をし，その後は寝ても良い。医師と看護師には軽く会釈をしなさい。この 2 つを守りなさい」と伝えた。すると彼女は翌日から朝 7 時に起床し，診察も服薬も受け入れ，さらに飛び蹴りも封印したのである。

　（紙幅の都合で，すべては無理だが 3 回と 4 回を載せておく）


第 3 回面接
―今日は起きかけたけど，結局昼過ぎまで寝ていたそうだね。それってアレのせいだよね。
―何ですか？
―（ひそひそ声で）怠け虫。うーん厄介だ。
―む，虫ですか？（あゆみは，ゲラゲラ笑う）
―笑い事じゃないよ。赤ちゃん夜泣きは疳の虫。男には浮気の虫。腹が立つのは腹の虫がおさまらない。昔から，わかっちゃいるけどやめられないものには虫が影響しているというよねえ。君もおそらく飼っているはずだから，次回までに調べてきてよ。


第 4 回面接
―先生，いましたよぉ虫が（あゆみは甲高い声で報告する。私もそのトーンで聞き返す）
―でぇ，何匹いたぁ？
―4 匹ですぅ。1 匹目は怠け虫ぃ。
―ふんふん，作業療法やラジオ体操なんて 1 円にもならないから止

めておきと囁き，布団から出られなくさせる。そうだろぅ？（あ
ゆみはニコニコ顔で頷く。それを確認して話を続けていく）
―ええとぉ，くっつき虫。人から言われた内容が頭から離れないの
ぉ。昨日の看護師さんからの言葉が今日になっても頭から離れな
いのぉ。
―それはしんどいねぇ，他には？
―わがまま虫ですぅ。
―私がこうなったのは，あんたのせいだとお母さんを責めさせたり
ぃ，精神療法なんかで病気は治らないと医師に喧嘩を売らせたりぃ。
―あはは，よく知ってますねぇ（私は病院内での問題行動を，虫の
仕業かもしれないとした）。
―今まで何人もの虫退治に付き合ってきた私が言うのだから間違い
ない。俳優の○○さんは，ギャンブルの虫に取り憑かれ，今や借
金地獄。
―ああ～ワイドショーで見ました。虫は本当にいるのですね。ああ
怖い。
―ホント怖いよね。で，戦い方だけど，全面戦争にするか，まずは
なだめて暴走を抑えるか，どっちにする？（この虫退治に取り組
むことを前提にした質問）

（……このあとも面接は続くが，約1カ月で症状はほぼ消退し，母
親を交えて家族調整を3回実施。その後に退院となった。）

## 7　筆者が心掛けていること

### 1．治療者は脇役に徹する

　主役はクライエントと，それを支える家族である。「治してもらっ
た」ではなく，「自分たちで努力していたら治った，症状が軽くなっ
た」という形が理想である。

### 2．小さな変化を見逃さない

　相手の頷き方，視線，表情，仕草，声の大きさ，高低，髪形，服
装，アクセサリー，香水などの変化に敏感になること。

### 3．褒める

　「褒め言葉は人を変化の入り口に立たせる」という教えがある。「叱

る」ことよりも大切である。ポイントとしては，ジョイニング後に「枠」を変えることである。

　「子育ての失敗？　15歳過ぎたら本人の責任です」「本人の気持を尊重することと，わがままを許すことは果たして同じだろうか」

### 4．1つの技法にこだわらない

　「SST」「精神分析」「SFA」「家族療法」「EMDR」「TFT」をクライエントの症状や，支援の文脈によって使い分けているが，全体の大きな柱はシステムズアプローチである。

　たとえば「虫」を使うと妄想が悪化すると思われる相手には，「やんちゃな自分」「よい自分・悪い自分」を使えばいいし，「カウンセリング」という響きが嫌いなクライエントや主治医の前では，「訓練」に置き換えてもよい。

### 5．問題の同定作業は丁寧に

　誰が何に困っているのかを明らかにすることを「同定」という。しかし本当に困っている人は別のところにいたり，その問題（症状）のお蔭で，今以上に深刻になることを防いでいたりするように思えることもある。さらに問題を語る時は，誰しも自分中心でストーリーを構成するものである。つまり「時系列」だけでなく，「想像・事実・可能性」は整理されることはない。そういったところを想定しながら問題を同定していくことが，治療や支援の成否を分けるポイントになろう。

### 6．働きかけの方向とタイミングを揃える

　クライエントには家族がいて，医療機関には医師や看護師や心理師がいて，地域には民生委員や保健師がいる。それぞれの機関と職員が全く違う働きかけをしたのでは，「船頭多くして船山に登る」になる。まずは，「大きさ・向き・量」を揃えることが何より強力な技法である。

第 10 章

# 職場においてのメンタルヘルス

## 1　はじめに

　ラインケアとは,「管理監督者による部署ごとの職場環境等の改善と, 個別の指導・相談」のことをいう。管理監督者は部下の状況を日常的に把握し, 個々の職場における具体的なストレス要因を把握できる立場にあるとされ, その改善を図ることも期待されている。しかし実際には, 誰が, 何を, どのように, どこまで行うかについて, 会社内で定めていないという声もある。そこで本章では「職場においてのメンタルヘルス」について, 基本的なポイントを整理する。

## 2　管理監督者がすべきこと

### 1. 管理監督者とは

　管理監督者とは, 労働基準法第 41 条 2 号内の「監督もしくは管理の地位にある者」を指す。経営者と同等の地位や権限をもち, 業務を遂行するために労働者の管理・監督を行う者である。

　また管理監督者は労働基準法上特別な扱いを受けるため, 時間外労働や休日出勤における割増賃金の支払いが発生せず, 労働時間の制限もない。なお, 配置を義務とする条文はないので, 管理監督者の配置は必須ではない。

### 2. 信頼関係の構築

　嫌いな人からの「注意や励まし」は, 誰でも「叱責」「批判」「嫌

味」と受け取るはずである。したがって部下に説教や注意する場合には，その前提として「部下から好かれている，信頼されている」ことが必要になる。つまり管理監督者は，「部下を注意する，叱る」ことが仕事ではなく，「信頼する（される），育てる」ことが仕事なのである。

### 3．管理監督者がすべきことの具体例

①ライン内において，「挨拶」「ねぎらう」「認める」を率先して行い，浸透させる。

②報告を聞いて理解や納得ができないときは，叱るよりも質問をする（コーチング技法）。

③仕事の質・量が過重になっていないか，長時間労働や休日出勤の状況を把握する。

④特定の個人に労働負荷や責任が集中していないか，時々チェックをする。

⑤もし過重労働が認められれば，具体的な「労務軽減措置」を実施する。

⑥健康状態を尋ねて不良があれば，「相談窓口」等を紹介する。

### 4．職場単位でのストレス対策（簡単な方法）

①「少しでも早く帰る」という目標設定をする。たとえば「ノー残業デー」を設ける。

②褒める場合は皆の前で，叱る場合は個室で（自尊心を大切にする）。

③「お疲れ様」「ご苦労様」「気をつけてね」と，声をかける。

④ほうれんそう（報告・連絡・相談）を徹底するように指導する。

⑤5S（整理，整頓，清掃，清潔，しつけ）を確実に行う。

### 5．部下が失敗した時（対応例）

①一方的な叱責や否定をせず，どこでミスが起こったか，その経緯を聞く。

②同じミスを繰り返させないために，「次はどうすればいいか」を話し合う。

③待ってもアイデアが出てこなければ，とりあえず具体策をこちらが提示する。

④悪いのは部下（人格）ではなく，部下のやり方（対処・行動）で

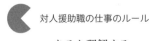

あると理解する。

## 6．管理監督者が直接対応しないほうがよい場合

部下が，「不調の原因は上司のせい」と思っている場合がある。当然ながら関わるほど話がこじれてしまう。その場合は，管理監督者は対応を中止し，従業員の元上司，あるいは係長や主任などに任せるのがよい。

## 3　声かけ・面談・情報整理

個別相談を受ける際は，内容を整理しながら真摯に耳を傾ける。ただ困っている人は，「今現在のこと」も「過去のこと」も，今現在起こっているかのように話すものである。そこで聞き方のコツは，共感や傾聴しながらも，「それはいつのこと？」「で，今は？」と，出来事の発生順を時系列で整理する必要がある。その時の共感は言葉にせず，表情で伝えるのがよい。

## 1．疾病性と事例性を区別する

疾病性（illness）とは，症状や病名などに関することである。具体的には「幻聴がある」「被害妄想がある」等の「医師が判断すべき事柄」である。つまり，医師だけが疾病性について語る資格があるのである。

一方の事例性（caseness）とは，「上司の命令に従わなかった」「月曜によく仕事を休む」「ミスが多い」「顧客とのトラブルが多い」等の客観的事実のことである。職場においては「事例性」で，情報収集，整理に努めることがトラブルを回避できる方法である。

たとえば「何回教えても仕事を覚えない」というのは，事例性。しかしそれを「何回教えても仕事を覚えないから，発達障害だ」と本人や周囲に言ってしまうと，「疾病性」に踏み込むためトラブルの原因になる。職場において必要な情報は，「病名」ではなく「職場にどのような影響が出ているか」「本人がそれを自覚しているか」ということである。

## 2．事実と想像（解釈）を区別する

たとえば「彼は午前中に 5 回，トイレに行くといって席を外した」という報告は，「事実」として扱える。しかし「彼は午前中に 5 回もトイレに行くフリをして，仕事をサボった」という報告は，そこに「サボった」という恣意的解釈を含む。つまり「事実」として扱えない。この事実確認をおろそかにしていると，やがて従業員から「パワハラ」として訴えられることになる。

## 3．「事故」と「ヒヤリハット」を区別する

「1 つの重大な事故の背後には 29 の軽い事故があり，さらにその背後には 300 のヒヤリハット，もしくは異常がある」。これが有名な「ハインリッヒの法則」である。そして「ヒヤリハット」とは，重大な災害や事故には至らないものの，直結してもおかしくない一歩手前の発見のことである。医療機関では医療事故防止の観点から，ヒヤリハット＝「インシデント（incident）」の時点でレポート提出を課し，事故を減らす努力を日々行っている。

仕事では「部下の失敗は上司の責任」という利害関係がある。そのため過剰な問題視，叱責が行われることがある。つまり「パワハラ」が起こりやすい環境にあるわけだ。

そこで筆者は管理監督者に，「事故なのかヒヤリハットなのかを明確に区別し，報告書を見せて欲しい」と言ってきた。

例えば，「すでに起こったこと（事故）」と，「実際には起こっていないけど，いつミスが起こっても不思議はないと思えること（つまり管理監督者の不安）」があるのだが，これを別欄に分けて書くよう指導するのである。すると「問題だらけの従業員」という認識が，「実際ミスがあったのは 2 回ではあるが，今後もミスが起こりそうなので，管理監督者として不安を覚えている」という整理になる。こうやって不安の閾値を下げてきたのだが，試してみて欲しい。

## 4．「疾病利得」と「怠け」は違う

初めて耳にする人もいるだろうが，「疾病利得」という用語がある。

意味は通常好ましくない病気のお蔭で，何かを得たり，嫌な役割を免除されたりすることである。

　例えば「風邪を引いたら，妻が優しくなった」「残業や出張を免れることができた」「見舞金や保険金が手に入った」等である。しかしこれらは無意識のことなので，意図的に病気を装う「詐病（さびょう）」とは違う。病気休暇を申請する職員に，「病気に逃げるな」などと言えば間違いなくハラスメントになるから注意が必要だ。

## 5．面談の失敗例

　従業員のメンタル不調を，家族より先に同僚が気づくことがある。しかし，メンタル不調と察した途端に離れていく。その理由は「①対応がわからない」「②下手に関わって自殺などされたら責任追求される」ということのようだ。しかし現場の管理監督者としては，見て見ぬふりはできない。そこで「業務上何が問題となっているか」を淡々と訊ね，対処できることは対処し，病院受診等の必要性については担当部署に繋ぐのがよい。

〈失敗例〉
・「先月からミスが続くけど，それはうつ病だ。精神科に受診しなさい」

なぜ失敗かというと「①医師ではないのに『うつ病』と診断している」「②相手を精神病と決めつけて，受診勧奨をしている」点である。ではどう言えば良かったのだろうか。

①「先月から遅刻の回数が増えていますね。どこか体調でも悪いの？」
②「仕事のミスが増えていますね。もし悩みがあるなら，相談にのりますよ？」

となる。手順としては，

①ミスや遅刻という「事実」を先に告げる。

②次に，その「理由」を訊ねる。

③理由に「気分が沈んで，仕事に集中できない」とか「悩み事で不眠」等の症状があるかどうかを訊ねる。

④「専門家に相談し，適切なケアを受けたほうがいいよ」と勧めて様子を観察する。

⑤会社に産業医や産業保健師がいるならば，そこに相談にいくように勧める。

⑥産業管理スタッフがいない時は，各県にある産業保健総合支援センターへの相談を勧める。

⑦それも遠方で利用できない時は，「かかりつけ医」への相談を勧める。

## ６．心療内科や精神科に受診させる（繋ぐ）方法

　従業員を心療内科や精神科に受診勧奨することは，とてもデリケートな問題である。なぜかというと，精神疾患と診断されれば，「解雇」「家族や本人の縁談破談」「差別」「民法上の離婚事由」ということが昔も今もあるからである。そこで受診勧奨は丁寧に，強制ではなく自分と家族の判断で，という形を取ることが必要である。受診勧奨の失敗例としては，

　〈失敗例〉
　「俺がいい精神科を知っている」と，上司が家族に相談せず，勝手に受診させた。

　これは，後で「勝手に変な精神科に連れて行ったから悪化した。慰謝料払え」となりやすい。

　〈失敗例〉
　「名医を知っている」と，特定の医療機関と医師を紹介した。

　これも回復しない時に，「責任は病院を紹介した上司の責任だ」と責任を押し付けられることがある。そこでこれを避けるために，「①会社は医療機関リストを渡すだけにして，どこを選ぶかの決定は，従

業員と家族で決めてもらう（自己責任）」「②会社の産業医がいる場合には先に産業医を受診させ，そこから精神科や心療内科を紹介してもらう」という方法にする。

## 7．面談の手順

管理監督者は，部下の異変を感じたらプライバシーが守られる部屋に呼び，「何か心配事がありますか？」と訊ねる。その時の内容がたとえ非論理的であったとしても，口を挟まずに最後まで言い分を聞く。また「不眠」「食欲不振」「肩こり」「頭痛」「胸が苦しい」「下痢」といった身体症状は，比較的自覚しやすいので，まずはそれを聞き出す。その上で「それはつらいね，専門家に相談してみてはどうだろうか？」と，会社内の専門家に繋ぐのがよい。

会社内に専門家がいない場合の受診勧奨
①まずは身体症状を聞き出し，その後に内科受診を勧める。
②精神疾患は差別や偏見の対象であるので，抵抗の少ない「内科」の病気として，まずは扱う。
③実際，低血糖，肝性脳症，甲状腺，白内障，感染症，脳梗塞等でも精神症状は起こりうる。
④身体的な病気が見つからない時は，内科医は精神科の受診を勧めるはずである。
⑤また「精神病扱いか！」という従業員・家族の怒りは医師に向き，あなたは守られる。
⑥そこでも医師を擁護せず，「ひどい，でも念のために別の病院を受診しては？」と伝える。
⑦再度精神科を勧められると，多くは仕方なく受診する。
⑧自殺未遂・飲酒運転・暴力が頻発していれば，職務命令で家族に受診同行を依頼する。
⑨悩んでいる人は心理的な視野狭窄状況に陥り，被害的になりやすいので面接内容は記録しておく。
⑩受診勧奨や，強く指導する場合（反発が予測）には，二者だけでなく第三者（記録係）を同席させる。
⑪受診勧奨に従わない場合は，家族に連絡をすることを伝えた後に連絡。受診同行を依頼する。

## 8．緊急対応

### 1）放置できない場合

自傷他害の「自傷」とは，自殺企図や自分の身体を傷つける，壁に頭を打ち付ける，手首を切る，髪を抜く等の自分を傷つける行為のことである。もう一方の「他害」とは，殺人，傷害，暴行，器物破損，放火など他者の生命，財産などに害を及ぼす行為のことを言う。このどちらか，あるいは両方がある場合を「自傷他害の恐れがある」と言う。その場合は精神保健福祉法による「措置入院」「緊急入院（本人が嫌がっても強制入院が可能）」の要件となる。

### 2）放置できない言動

「私がいないほうが皆の幸せ，死んだほうがマシ」「申し訳ない。死んでお詫びをしたい」「遠くに行くので，探さないでください」「どうなったって構いません」などである。

### 3）放置できない行動

「首を吊ろうとした」「農薬や漂白剤，睡眠薬をまとめ飲みして自殺を図った」「縫合しなければならないほど深くリストカットをした」等である。このような言動・行動があれば，すぐに専門家に繋ぐべきである。また従業員から「死にたい」と打ち明けられると，多くの場合で「死んではだめだ」と説教するが，これは本人（の考え方）を否定することになり，効果がない上に二度と相談してくれなくなる。

なので「死にたい」「いなくなりたい」等の発言があった時は，「それくらいつらかったのだね」と，最後まで話を聞くのがよい。その上で「早まった行動をしてはなりませんよ」と約束させ，本人の了解を得たうえで家族に連絡し，迎えに来てもらい，家族から受診を勧めてもらうという手順になる。もしその従業員がすでに心療内科や精神科に通院中であるならば，主治医に連絡して指示を仰ぐことになる。

また自傷・他害の危険が懸念される場合には一人で帰宅させず，家族に連絡して迎えに来てもらうのがよい。また迎えを待つ時間でも「トイレに行くフリして道路に飛び出る」「屋上から飛び降りる」「ト

イレ内に刃物を持ち込み自傷する」ことは実際にあるので，上司や同僚が付き添って目を離してはならない。

4）「家族に言わないで」と頼まれた場合

「会社は労働安全衛生法により，あなたの安全と健康を守る責務があります。したがって私はあなたのご家族に対しても，あなたの安全と健康を守らなければならないのです。ですから今の状況をあなたのご家族に連絡して，就業時間外のあなたの安全と健康を守ってもらいたいのです！（きっぱり）」と説得する。

受診勧奨の手順を整理するとだいたい次のようになる。

①従業員の異変に気づき，面談をする。
②放置できない言動・行動を確認。産業保健スタッフ（産業医）を紹介する。
③それでも本人が相談を拒否する時には，連絡することの了解を得る努力をした上で，家族に連絡する。
④家族が従業員を説得できなければ，上司の受診同行を検討する。
⑤危険な状況が続くようなら家族から警察に相談。精神保健福祉法による入院を検討する。

## 9．従業員の自殺対策

自殺予防の対策には，次の3つがあるとされる。

1）プリベンション：事前準備や教育

うつ病などの一般的なメンタルヘルス対策を着実に実施していくことが，結果的に自殺予防対策に繋がるという考え方がある。そのためには「心の健康づくり計画」に基づき，4つのケアを継続的かつ計画的に行うことが大切である。

特に支援が必要なのは，状態の悪化・再発が多くみられる復帰直後である。アメリカ精神医学会は「初発のうつ病で再発する可能性は約60％」「2回うつ病を経験した人が3回目に再発する確率は約70％」「3回うつ病を経験した人が4回目に再発する確率は約90％」と発表している。このことからも復帰直後の支援がとても重要

であることがわかる。

　２）インターベーション：危機介入

　従業員の自殺予防に対して危機介入ができる者は，所属課長，人事担当，衛生管理者，産業保健スタッフ等になる。しかし，このように複数の支援者が存在する場合には，それぞれの役割と動き方を確認しておくことが重要だ。自殺直前のサインは，周囲に語ったり，家出をしたり，遺書を書いたりすればわかりやすい。しかし臨床的には衝動的な自殺が多く，定期的な受診だけでは予見できるものではない。

　一般的に言われる「自殺のサイン」
・感情が不安定（突然泣く，怒る，落ち着かず，不機嫌）。
・逆に不自然なほど明るく振る舞う。
・突然の家出，放浪，失踪。
・食欲がなくなり体重減少，不眠。
・自殺をほのめかす（もう目が覚めなきゃいいのに，遠いところにいきたい）。
・遺書を用意，自殺場所を下見に行く，手段（ロープ，農薬，練炭等）を買う。
・自殺マニュアルを買う，自殺サイトを見る。
・大切にしていたものを整理したり，人にあげたりする。

　状況が切迫していれば，家族に連絡して支援を求めることも必要になる。その場合は「個人情報や守秘義務」よりも，「安全確保を優先する」ことになる *。

　時間的に余裕がある場合は，受診勧奨を人事担当者や産業保健スタッフが行い，受診同伴を家族にお願いする。しかし，状況が切迫していて家族の到着を待てない場合には，電話等で受診に関して家族の了解を得て，所属課長，人事担当者，産業保健スタッフ等で受診同行を検討することになる。その場合には受診途上中の事故（車

---

＊　個人情報例外規定には「人の生命，身体又は財産の保護のために必要がある場合であって，本人の同意を得ることが困難であるとき」とあるので，緊急事態では問題にはならない。

内からの飛び出し，鉄道への飛び込み）も想定しておくことが大切である。従業員には十分に説明を行い，受診についての同意を求めるが，場合によっては「職務命令」や警察官通報による「措置入院 **」を検討することになる。

3）ポストベンション：事後対応

ポストベンションとは,不幸にして起きてしまった自殺事故で,遺された人達に及ぼす心理的影響を，可能な限り少なくする対策のことである。同僚は「なぜ気づいてあげられなかったのか」「次は私の番かもしれない」「こうなったのは，○○が原因」「こんなことがあったのに,みんな普通に仕事しているなんて信じられない」「よく平気で昼ご飯を食べることができるなあ」等さまざまな感情が生じる。

また外部から故人宛に電話があった時に,「退職しました」とだけ伝えるというのも相当なストレスになる。そして影響を受けた者が,うつ病や不安障害やPTSD（心的外傷後ストレス障害）を発症，あるいは後追い自殺などを起こすこともある。よって葬儀後の早い時期に（妙な憶測が広まる前に），10人程度で集まり，管理監督者から事実を中立的に伝えるのがよい。決して故人を「弱い奴だ」と見下してはならないし，逆に美化してもいけない。ポストベンションの重要な目的は，複雑な感情をありのままに表現する機会を与えるということである。率直な気持ちを話したい人は話す。話したくない人には強要してはならない。知人の自殺を経験すると，複雑な反応（症状）が出る場合があるので，その場合は産業保健スタッフに申し出て，専門家の相談を受けるのがいいだろう。

特に影響を受けている人には，相談に来なくても積極的に働きかける必要がある。特に「過去に精神疾患で治療を受けていた」「今現在も治療中である」「第一発見者」「過去に自殺を図ったことがある」「自分のせいかもと責任を感じている」「故人と特に仲がよかった」人は，ハイリスク者として観察を続ける必要がある。そして業

---

** 措置入院とは「ただちに入院させなければ，精神障害のために自身を傷つけ，または他人を害するおそれがある」と，2名の精神保健指定医の診察が一致した場合，県知事が精神病院に強制的に入院させることができる制度のことである。

務が特定の人だけに負荷が掛かり過ぎないように至急に調整を行う必要がある。調整に時間がかかるようであれば，「目処」を伝えておくのがよい。

　4）遺族への対応

　最も影響を受けるのは遺族であり，職場は誠心誠意の対応をする必要がある。遺族は「気づけなかった」「救えなかった」と自分を責めたり，職場の上司に怒りをぶつけたりすることが多い。さまざまな質問には誠実な態度で，冷静に事実を伝え，その場で答えられないことは調べた上で必ずきちんと答えることである。また意気消沈して，さまざまな手続きが行えていないこともある。

　たとえば生命保険金の支給申請，遺族厚生年金，会社の寮であれば引越しの手配等である。遺族の気持ちを十分に考慮しながら，これらを手伝わせていただくことは遺族に対してのケアになるだけでなく，訴訟というリスク対策としても意味がある。

## 10. メンタルヘルス不調者への対応

　1）早期発見のポイント

　ラインケアで大切なのは，管理監督者が「いつもと違う部下の様子」に，いち早く気づくことである。現場の身近な存在である管理監督者は，不調者を早期発見して職務上何らかの対応（産業保健スタッフに繋ぐ）をする必要がある。

　しかし異常性の有無の判断は，管理監督者にはできないし，するべきではない。つまり「あなたはうつ病だと思う」などと言う必要はないし，言ってはならないのである。これは，産業医もしくはそれにかわる医師の仕事である。管理監督者は，「いつもと違う」ことに気づけばよいのである。

　こんな行動が見られたら要注意
・欠勤，遅刻，早退が多くなる。
・病気休暇が多い（背景にメンタル上の問題がある可能性大）。
・残業，休日出勤が不釣合いに増える（仕事の能率低下により残業しないと回らない）。

・ 月曜日に休むことが多い（休日明けは調子が悪いのが特徴）。
・ 昼食休みからの帰庁が遅い，早退が多い。
・ 「風邪をひいた」「お腹の調子が悪い」などの欠勤が多い（免疫低下，胃腸症状）。
・ 業務の結果がなかなか出てこない。
・ 報告や相談，職場での会話がなくなる（逆に喋りすぎることも）。
・ 表情に活気がなく，動作にも元気がない。
・ 不自然な言動が目立つ。ミスや事故が目立つ。
・ 服装が乱れたり，衣服が不潔であったりする（洗濯していない）。
・ 交通事故（注意力や集中力，持続力の低下による）。

2）メンタルヘルス不調を把握する際の留意点

注意が必要なのは「健康情報」という個人情報の取り扱いである。人事考課にこの情報を使用してはならないのは当然だが，企業内の産業保健スタッフや家族と連携をとる際も，当該従業員に連携に関する説明を十分に行い同意を得る必要がある。特に精神病に罹患したという事実は，社会や家庭から排除されることもあり，当該従業員の心情を十分に理解して慎重に対応する必要がある。

3）自殺未遂は繰り返す

自殺未遂の従業員を保護した時は，「家族の到着を待つ間」「今後の対応を協議する間」「トイレに立つ間」に，油断して目を離してはならない。一度死に傾いた思考は，説教や説得をしたところで元に戻らない。「もう，絶対にしません」と約束して油断させ，その隙に再度自殺を図ることは珍しくない。

## 11．パワーハラスメント

これまで大企業が対象であった「パワハラ防止法」が，2022年4月1日から中小企業にも拡大された。これにより，全ての企業でパワーハラスメントを防止することが求められることになったものの，正当な職務上の指導を行ったつもりが，部下や後輩から「パワハラだ」と訴えられることがあるかもしれない。

こういった心理を産業医である松崎一葉教授（筑波大学）は，「人が精神的に破綻する原因は，受けたストレスの強さだけでなく，個

人の反応性や脆弱性が大きく影響すると考えられます。例えば，A氏には感謝される指導だったとしても，同じ指導が，感受性が過剰に強く脆弱なB氏にとっては，激しい苦痛になりかねない」と指摘されている。たとえば昭和の「今日仕事が終わったら飲みに行こうか」という上司の部下への労いは，令和の現在では「勤務時間外に飲み会を強要するのは，ハラスメントだ」と言われることを上司は知っておく必要がある。

１）ハラスメントの定義

職場で行われる，以下の①〜③の要素全てを満たす行為をいう。

①優越的な関係を背景とした言動。
②業務上必要かつ相当な範囲を超えたもの。
③労働者の就業環境が害されるもの。ただし，客観的にみて，業務上必要かつ相当な範囲で行われる適正な業務指示や指導は該当しない。

２）パワーハラスメントの６類型

パワハラで訴えられたときに，「適正な指導です」と釈明しても，適正な指導の範囲がどこまでかがわからない上に，業種や企業文化でも異なるので，実際のところ判断は極めて困難である。ただし次の「６類型」に自分の言動・行動が該当していれば，言い訳はできない。

①身体的な攻撃：叩く，殴る，蹴る，持っていた資料で頭を叩く。
②精神的な攻撃：同僚の目前で叱責，長時間・何日にも渡り執拗に叱る。性的指向に関して侮辱する。
③人間関係からの切り離し：ひとりだけ別室。強制的な自宅待機。歓迎会，送別会に呼ばない。
④過大な要求：新人でよくわからないのに仕事を押し付けられ，同僚は先に帰る。
⑤過少な要求：運転手なのに草むしりを命じられた。事務職なのに倉庫業務。仕事を与えない。
⑥個の侵害：交際相手を執拗に問う。不妊治療，性的指向，病歴について了解を得ず他に暴露。

3）パワハラが起こりやすい職場に共通する特徴

①上司と部下のコミュニケーションが少ない職場。

②正社員や正社員以外など，さまざまな立場の従業員が一緒に働いている。

③残業が多い，休みが取り難い職場。

④失敗が許されない職場（たとえば病院），他部署や外部との交流が少ない職場。

4）パワハラの具体例

・達成不可能な目標を掲げさせ，達成できないと「やめてしまえ」と怒鳴りつける。

・他の従業員の前で「お前はノロマだ」「お前のせいで業績が伸びない」と，ののしる。

・ちょっとした仕事のミスでも，無能扱いする。

・部下の人間性（性格等）を叱咤する。

・目立ったミスがないにもかかわらず，仕事を回さない（継続的に）。

・部下に意見を述べさせない。

・席が近くても，仕事のことは全てメールで，一切話さない（継続的に）。

・挨拶しても無視する。

・出身校など，学歴をバカにする。

・「親の顔が見てみたい」などと，仕事に関係のないことまで言う。

・仕事が終わって帰ろうとすると，「俺が残っているのに先に帰るのか」と言う。

5）パワーハラスメント対策

　部下を指導する場合は，言葉を選び感情的にならないよう細心の注意を払うことはもちろんである。そして昔自分たちが受けてきた指導は，役に立たないばかりか，パワハラと言われかねないことを自覚しなければならない。その研修資料としては，厚生労働省のサイトに「あかるい職場応援団」がある。そこで「セミナーの案内」や「Q＆A」「裁判例」や「研修資料ダウンロード」を無料で入手することができるので，それをもとに社内で勉強会を開いてみてはどうだろう。

6）パワハラと指導の違い

指導とは，部下が仕事面で成長し，やる気が出るように促すことである。その手順としては，仕事の場面で注意や叱ることがあるかもという覚悟をまずはさせておく（準備性）こと。次に問題はその都度注意して，後でまとめて注意する量を増やさないことである。その次は叱る場所の配慮で，お客や同僚の前では叱らないことである。最後は，欠点や失敗だけにコメントせずに長所も拾い上げ，両方にコメントをすることである。もちろん，叱るときこそ感情を込めず，丁寧語でコメントすることは当然である。

　一方，パワハラは，部下の成長よりも上司の気持ちや都合が優先，つまり「部下の失敗は自分の責任となる」ので，どうしても感情的な対応になりがちである。例えば，威嚇的，攻撃的，否定的な態度を取る，排除する，過去の失敗を何度も蒸し返す等で，やる気を失わせることになる。叱る言葉の中に「性格」「容姿」など，業務上必要がないものが入れば当然パワハラとなる。

文　　　献
東豊（1993）セラピスト入門―システムズアプローチへの招待．日本評論社．
中央労働災害防止協会編（2020）衛生推進者必携．

第 11 章

# 「休職」から「復職」にかけての支援

## 1　はじめに

　管理監督者が部下の精神疾患の早期発見に努めても，残念ながら「休職」ということもある。その時に「後は医療にお任せ」と思いがちだが，実は「休職中の支援」はとても重要である。

## 2　療養環境を整える

　休職になった途端，気持ちが「療養モード」にすぐには切り替わらない。なぜなら「見舞の電話や訪問」「仕事の引き継ぎの事務連絡」等で，当分は忙しい。また見舞いの訪問や電話は，「原因や経過」「病状」を尋ねることが多い。それが嫌な記憶を思い起こさせて病状悪化をさせてしまう。

### 1．見舞い客の助言で迷わせる

　見舞い客は「しっかり休んで」という人もいれば，逆に「早く復帰しないと居場所がなくなる」という人もいる。この相反する意見が，休職者を混乱させてしまう。そこで会社としての方針を決めておき，見舞客の助言を牽制することも必要かもしれない。

### 2．療養中の接触者（担当者）を一本化

　療養中は職場の対応窓口を一本化して，混乱に繋がる情報を制限してもよい。具体的には職場で一人を担当者と決め，曖昧な情報を提供しないような「ルール」が必要である。具体的には，

①「今後，療養中のあなたとの連絡は○○が担当します。あなたの健康情報はきちんと保護するので安心してください（個人情報の保護）」
②「職場からは，手続きが必要な時だけ電話をします。その電話への対応は，ご家族でも構いません。たまに上司からメールで職場情報を送りますが，それに対しての返事は不要です」
③「あなたから連絡が必要なときは，電話，メールのいずれかで構いません」
④「主治医と面談が必要なときは，事前に了解をいただき，同席のもとに行います。その場合の主治医への申し込みは，あなたを通じて予約をいたします」

## 3．電話より，ラインやメールを活用する

　電話（会話）と違いラインやメール（文字）は，「要点が絞られる」「音声・強弱がない文字なので感情が入りにくい」「自分のペースで何度も読める」「寝ていても起こされない」等のメリットがある。

## 3　退職や復帰の申し出があった時

　うつ病の症状には，「意欲の低下」や「悲観的思考」があるので，離婚，退職や役職の辞退だけでなく私生活では離婚を申し出ることもある。しかし症状なので病気が回復してくると，「なぜ退職届けを出したのだろう」と後悔することになる。そこで「その件は回復後でも遅くはありません。今は療養に専念してください」と伝えるのがよい。その後順調に回復して，職場復帰の希望があった場合には，「職場復帰可能とする主治医の診断書（復職診断書）」を提出してもらうことになる。職場復帰の可否については，病状の評価だけでなく，職場環境の評価との組み合わせで判断することが大切である。またその時期については管理監督者と人事担当者で，よく話し合うべきである。

## 4　職場復帰の可否判断について

　復帰可否を判断する場面で重要なポイントは，「這ってでも会社に

行けばよい」のではなく、「労務提供義務をきちんと果たす程度に回復できているか」という点である。つまり「心身ともに完全な状態で」「所定の労働日に定められた始業時刻までに」「当日の労働に適する服装で」「労務を提供しなければならない」という労働義務を果たせるまでに回復しているのかということである。

　ただし、「復帰時点では労務の提供が不十分でも、ある程度の時間をおけば労務の提供が可能と見込める場合には、復帰を拒絶する理由にはならない」という最高裁判決（片山組事件）がある。そこで「職場復帰訓練制度」を導入するか、近くにリワークプログラムがある施設があれば、そこでの訓練結果を参考にして見極めることになる。

### １．医師の考える復帰可能とは

　「本人の症状が消失し、復帰への意欲が出て生活習慣が回復すること」。これが多くの医師の考える労務可能（復帰可能）の判断ポイントである。つまり医師には「労務提供義務を果たせるか」という視点はないのである。なぜならば医師は、患者（従業員）がどんな就業規則のある会社で、どんな仕事をして、どんな人間関係の中で働いているのかを知らない。このように「復帰可能」という判断は、医師と会社ではそもそも大きく違うのである。

### ２．誰が最終決定をするのか

　事業主は医師の診断書を参考にするが、必ずそれに従わなければならないという決まりはない。最終的に復帰を判断するのは、「事業主」である。ただし医師は、通常自分の意見が通って当たり前なので、それを覆すと後が面倒になる。そこで医師が診断書を作成する前に、従業員の同意を得た上で（個人情報保護法）、医師と面談をして情報提供をしておくとよい。

### ３．就業規則

　筆者が病院で勤務していた頃は、従業員が復帰を希望しても、「復

帰は焦らなくてもいいので，完全に働けるようになるまで休んでください」と復帰を取り合わない事業所が時々あった。

　これは「休職期間を満了しても休職事由が消滅しない場合は，休職期間の満了をもって退職とする」という就業規則を使い，退職に導こうという意図である。

### 4．職場復帰可否の判断基準
　職場復帰を認めるには，以下の項目をクリアすることが必要である。

・職場復帰に対して，十分な意欲を示していること。
・通勤時間帯に，１人で安全に通勤ができること。
・職場で設定している勤務時間の就労が，可能であること（厳密には勤務時間＋通勤時間）。
・業務に必要な作業（読書，パソコン操作，軽度の運動，その他）をこなせること。
・作業の疲労が，翌日までに十分回復していること。
・適切な睡眠覚醒リズムが整っていて，昼間の眠気がないこと（服薬の影響を考慮）。
・業務遂行に必要な注意力や集中力が回復していること。
・一人暮らしの場合には，安全配慮上のリスクを検討しておくこと。

### 5．復帰日をいつにするか
　復帰日は通常，きりがいいということで「来月の１日から」とか，「今度の月曜から」となりがちだ。しかし月曜を初日にすれば，普通は金曜までの連続５日間の勤務となる。復帰直後は，周囲が考える以上に不安や緊張で疲れるので，連続５日は過酷である。そこで復帰を休日の前日，あるいは祝祭日の前日にするという方法もある。「１日行けば翌日は休み」は気分的には楽である。

### 6．復職支援
　会社は，「医師が復職を認めたのだから，以前のように仕事ができるはず」と，普通は考える。しかし復帰直後の従業員に，発病前と

同じ質と量を求めるのは無理である。復帰直後の従業員は,「以前の半分もできない」ことに落胆することが多い。これはスポーツ選手の怪我と同じで,退院直後に全力疾走ができるはずがない。少しずつ落ちた筋力を戻すように,仕事でも時間をかけてペースを戻す必要があるのである。管理監督者は,人事担当者や産業保健スタッフと協力して,復帰者を支えることが望まれる。

### 7．管理監督者の役割

復職者の仕事の管理をすることも,管理監督者の重要な仕事である。例えば,

①作業は元の仕事よりも単純なものを,労働時間に見合った量だけ与える。
②作業の進捗状況や,困ったことがないかと,小まめな声かけと確認をする。
③勤務状況や出退勤等については適切に管理し,特別扱いをしない。
④復職者の波（良い日,悪い日）を把握して,回復を見守る。
⑤多くの場合で,長期の通院が必要になるので,通院が継続できるような配慮をする。
⑥周囲の「そろそろ薬やめたら？」「依存するよ」等の無理解な発言を控えさせる。
⑦周囲の従業員には「病名」ではなく「接し方や配慮」を伝える。
⑧順調な回復のようでも,3〜6カ月後の再発が珍しくない。

職場に出てからの観察ポイントは以下の通りである。

①遅刻はないか,休まず出勤できているかどうか。
②挨拶をしているか,勤務時間中にウロウロせず席にいられるかどうか。
③食事をちゃんと食べているか,昼休みにくつろげているかどうか。
④問題行動がないかどうか（泣く,キレる,用事を忘れる,交通事故など）。

復職者の支援で最低限知っておくべきことは,

①元の職場に復帰させるのが原則。ただし人間関係や適性に問題が

あれば配置転換をする。

②職場には傷病名は開示せず，どのようなサポートや対応が必要かを伝える。

③回復のペースは一進一退である。遅れを取り返そうと無理をすることが多いので注意する。

④飲み会，親睦会に誘う場合は，負担にならぬよう配慮をする。当面は控えるのがよい。

⑤接し方は，なるべく普通にする。

⑥復職直後は仕事量を減らし，残業を制限する。回復の具合をみて制限を解除する。

⑦心の疲労回復には時間が必要である。1〜3カ月単位で回復の様子をみるとよい。

⑧復職後は就労状況（客観）と，本人の話（主観）で回復を観察。その後に通常勤務に戻す。

⑨通常6カ月は配慮が必要。通院治療が必要な場合には医療を優先する。

⑩多くの場合で右上がりの回復はない。良くなったり悪くなったりを繰り返して回復する。

⑪復職者への周囲の理解・支援は必要だが，いつまでも特別扱いは不要である。

⑫配置換えや異動が原因の発病は，次の異動時も再発の可能性があるので注意する。

## 5 診断書の読み方

### 1．病名

　主治医は，患者が職場で左遷や退職等の不利益を被らないよう，診断名を工夫することがある。また初診だけでは診断できないこともあり，とりあえずの診断名をつけ，経過観察することも珍しくない。そういう場面で使われるのが，「心因反応」「疲弊状態」「神経衰弱」である。

### 2．療養期間

　もともと精神疾患は，骨折や怪我のように「3カ月で復帰」という見通しが立つ疾患ではない。そこで休職診断書は，とりあえずの意味で「1カ月」と書き，経過を見てさらに「1カ月」と延長して

いくのが一般的である。また実際に回復は多くの場合で長引くので，期間はあくまでも「目安」と考えるべきである。

### 3．医師と職場の本音

医師「患者さんが働いている姿を見たわけでもないし，上司や人間関係もわからない。復職できる時期なども見通せるわけもない。とりあえず本人が解雇されないように守ろう」

職場「いつまで休職するのかな。長引くならば，人を補充しないと仕事がこなせない。とにかく復帰の目処を知りたい」

### 4．医師からの情報収集のコツ

復帰前には，職員の同意を得て主治医と面談し，情報提供（収集）しておくと有益だ。その時に医師に好印象を与える聞き方としては，「会社として本人の復帰を全力で支えたいのですが，何をしたらいいでしょうか？」と，本人ファーストで訊ねることである。

逆に嫌われるのは，「先生，病名はなんですか？　いつ復帰できますか？　会社も人員補充するかどうかで困っているのです」と，会社ファーストで訊ねること。この訊ね方だと「会社や自分の都合ばかりで，患者の心配を全くしていない」と映り，今後の協力が得られない。

### 5．主治医と産業医の役割の違い

一般的に，主治医は患者を守る「弁護士役」，産業医は職場と患者の間で「裁判官役」であると喩えられる。つまり主治医は目安をつけて，産業医は決定する役割なのである。そして産業医は働ける状態に達したかを評価し，上司や人事担当者と意見を調整し，職場復帰の日を決めるのである。

### 6．新型うつ病

診断書には「うつ病」または「うつ状態」と書かれているが，実際には「新型うつ病」や「パーソナリティ障害」と考えたほうが納

得できる事例がある。ちなみに正式な診断名には「新型うつ病」はなく，「従来のうつ病（定型）」も「新型うつ病（非定型）」も同じ「うつ病」として扱われる。現場にいると「発達障害」の二次障害としての「うつ病」が増えている印象がある。

1）診断の困難性

産業保健では，事業所の担当者から「医師の診断がいいかげん」との批判をよく聞く。しかし精神疾患は，他の身体疾患のように各種検査で診断ができない。つまり本人が「症状がある」または「症状がない」と話せば，そう診断されるのが現実なのである。最近になって定量的な方法で精神障害を診断する「光トポグラフィー検査（頭部の血流の状態を知る）」や「唾液検査（唾液中のクロモグラニンAの量を調べる）」「血液検査（エタノールアンミリン酸濃度を調べる）」が開発されてはいるが，まだまだ一般的とは言えない。

2）診断書には本人・家族の希望が含まれる

診察時に「まだ眠れません」「まだ意欲が湧きません」と本人・家族が話せば，当然ながら診断書は追加，延長となる。つまり，結果的に本人・家族の希望や意向が含まれることになる。また，医師は患者を守る立場であり，「患者の復職に配慮して，診断書の表現を弱めて書く」という医師が9割いるというデータもあると聞く。

3）会社からの情報提供の必要性

主治医の診断書だけで判断すると，本人の希望ばかりが重視され，実際の職場事情と大きく隔たることもある。そうなれば患者（従業員）と会社との対立が深まり，双方にとっても良い結果とはならない。そうならないように日頃から主治医に対して情報提供をしていくことが大切である。

## 6　仕事を覚えられない人たち

有名大学を卒業し，採用試験も高得点であったのに，入社してみたら「仕事の手順を覚えない」「何度注意しても同じミスを繰り返す」「要点をまとめられない」といった人が増えている。上司には「精神疾患」と思えるのだろうが，会ってみると「うつ病」の診断基

準を満たさないのである。また「自分は悪くない。上司の教え方が悪い」と他者批判するのも特徴である。

　最近は定型的な生真面目なうつ病は減り，休職中にも関わらず野球観戦してテレビに映ったり，ゴルフのコンペで優勝したり，ハワイにいってビーチで過ごしたりする「型破りな方たち」が増えている。ある会社で休職中の職員全員と面接したところ，約9割に「自閉症スペクトラム障害（広範性発達障害）」の傾向が見られたという話もある。

　つまり，従来は「うつ病」を想定した産業保健であったのが，現在は「自閉症スペクトラム障害（広範性発達障害）」を想定したOJT(On the Job Training）が必要だと思われる。

文　　　　献
グロービス経営大学院監修，佐藤隆（2011）職場のメンタルヘルス実践ガイド.
　　ダイヤモンド社.
川上憲人（2021）基礎からはじめる職場のメンタルヘルス改訂版．大修館書店.
松崎一葉監修，吉野聡・梅田忠敬（2021）4訂版　精神科産業医が明かす職場
　　のメンタルヘルスの正しい知識．日本法令.

第12章

# 中途退職の前に知っておくこと

## 1　はじめに

　中途退職を決意する時は，体も心も相当疲労困憊しているはずだ。しかし，ちょっとした工夫により条件を少しでも有利にすることができる。例えば「在職中に受診しておく」「退職日を数日遅らせること」，あるいは「自己都合ではなく，会社都合退職にしてもらう」等である。たったこれだけで退職後の手当や失業給付に大きな差が生じる。あなたが退職届を提出する時はもちろんだが，家族や同僚で中途退職をする人がいたならば，是非以下のことを教えてあげて欲しい。

## 2　病気などで会社を辞める前に

### 1．辞める前に受診する

　退職前には，「人間ドック」等で精密検査を受けておくべきである。なぜなら療養が必要な程の疾患が発見された場合に，最長1年6カ月の「傷病手当」が受給できるからである。また受給期間中に退職したとしても，1年6カ月の残りの期間は受給できる（受給したら退職できないという仕組みはない）。つまり傷病手当を受給しつつ療養し，再スタートを切ることができる。

　万一，その病気が重い疾患（精神を含む）であって，1年6カ月を経過しても治らず，かつ働けない状態であれば，傷病手当をもらった後に，障害年金を申請することになる。このとき初診が在職中であれば，年金額の高い「障害厚生年金」で申請することができる。

しかし退職後に無職のまま病院を初診した場合には、「国民年金」での申請となり、受給額に大きな差が生じる（つまり損になる）。

## ２．退職するときには，年齢と勤続年数に注意

雇用保険の失業給付（俗称は失業保険）は，退職したときの年齢や勤続年数，再就職の難易度から決まる仕組みである。つまり「被保険者期間」と「年齢」の区切りを調べて，区切り目前であるならば，有給休暇を使う等で退職日を遅らせて，支給日数を増やすことができる。

「自己都合退職」の場合は，「年齢」は「全年齢」として区分はない。しかし「加入期間」が，「10年未満」だと給付90日であるが，「10年以上20年未満」になると120日になり，「20年以上」だと150日に給付日数が増えることになっている。

## ３．自己都合退職と会社都合でも給付日数が違う

さらに，これが「会社都合退職」となると，「加入期間」と「年齢」区分が細分化される。例えば「45歳以上60歳未満」の場合で，加入期間「1年未満」だと90日の給付，「1年以上5年未満」だと180日の給付，「5年以上10年未満」だと240日の給付，「10年以上20年未満」だと270日の給付，「20年以上」だと330日の給付となる。つまり「20年未満」と，「20年以上」では給付日数に60日（2カ月）分の差が生じる。

同様に「45歳以上60歳未満」の年齢区分で，加入期間「20年以上」の加入期間で比較した場合には，自己都合は150日の給付だが，会社都合だと330日になり，実に180日（6カ月）分多く給付されることになっている。

病気で欠勤して辞める場合は，4日以上連続して休んで傷病手当を受けておく。

傷病手当は，「業務外の事由」による病気やケガのための療養で，仕事に就くことができずに「欠勤して給与がもらえない場合」に支給されるものである。「連続する3日を含む4日以上連続して休んだ

場合」が要件なので，3日だけの欠勤では支払われない。

　支給金額は，支給開始日以前の継続した1年間の各月の標準報酬月額を平均した額を30日で割り，その3分の2相当額が1日あたりの傷病年金である。支給期間は令和4（2022）年1月1日より，支給を開始した日から通算して1年6カ月に変更されている。最長1年6カ月支給される。

　なお，退職後に職場の健康保険に継続して加入できる「任意継続被保険者」や「特例退職被保険者」に相当する人には，傷病手当金は支給されない。

### 4．会社を辞めた後の保険証をどうするか

　すぐに次の会社に再就職するならば，問題はない。しかし「まずは退職してゆっくり。再就職はその後で」という人は，その間の保険証が必要である。保険証がないままに病気やケガで受診すれば10割負担，大きな出費となる。この場合は3つの選択肢がある。

　①国民健康保険に加入する。
　②今の健康保険の『任意継続』手続きをする。
　③会社勤務の家族がいれば，その扶養家族になる。

　国民健康保険だと世帯全員の保険料が課せられ，退職した年の保険料は前年の在職時の所得に基づくので高くなる。
　『任意継続』とは，退職日から20日以内に社会保険事務所に手続きすれば，その健康保険を引き続いて2年間使えるという制度である。それには2カ月以上継続して加入していたこと，保険料の事業主負担がなくなるので，約2倍の保険料を払わなくてはならないこと，保険料を毎月10日までに納付しないと11日から資格を失うこと，保険料は口座振替や半年または1年分の前納ができることを知っておこう。
　家族の健康保険の扶養になるには，収入要件は年間130万円以内（60歳以上や障害者は180万円）だが，これは過去の収入ではなく被扶養者に該当する時点および認定された日以降の年間の見込み収

入額のことである。家族の扶養になれば保険料が課せられない。原則事由発生日の5日以内に届け出が必要である。

5. 定年前の退職は，再就職までにわずかであっても国民年金に加入する

会社勤めは，退職と同時に厚生年金から脱退することになる。しかし，そのまま放置しておくと，遺族年金や障害年金を申請することがあれば，支給要件（保険料を加入すべき期間の3分の2以上の納付，直近の1年以上滞納がないこと等）を満たしてないという理由で，年金がもらえない可能性があるので注意を要する。

## 3　雇用保険の失業給付

### 1. 辞め方で給付が全く違ってくる

実は「会社都合退職」と「自己都合退職」では，給付日数が全く違ってくる。「会社都合退職」は倒産などを理由とするので,生活を保障する緊急性があるとして手続き後（最短7日以降）で最初の手当が振り込まれる。それに対して「自己都合退職」は，自分の意思で計画的に辞めるので緊急性はないとされ，給付制限の対象となる（最短でも2カ月と7日以降）。そして給付日数も「会社都合」よりも大幅に短縮される。

つまり「自己都合退職」では，退職後2〜4カ月は無収入になり，その間の食費，住居費，水道光熱費，被服費，教育費，娯楽費，通信費，医療費，交際費，お小遣い，ガソリン代，冠婚葬祭費用，借金返済等のあらゆる費用を用意しておく必要がある。仕事を辞めるには，こういう準備が必要なのである。

ただし次のような事情があれば,「自己都合」と離職票に書かれていても「会社都合」として扱ってもらえる可能性がある。証拠を持ってハローワークに相談するとよい。

・健康上の理由（体力の低下，病気やケガ，視聴覚障害）など。
・結婚，妊娠，出産，育児（退職が職場の慣例となっている場合）。

- やむを得ない家庭の事情（配偶者や家族との別居生活が困難になった）。
- 事業所の移転・廃止・休業。
- 採用条件と実際の労働条件が著しく違うとき。
- 上司・同僚から故意に嫌がらせを受けたり，理由もなく無視され続けたりしたとき。
- 導入された新技術に適応することができないとき。
- 退職勧奨，希望退職に応じたとき。

　相談したものの「自己都合」が，「会社都合」と認められなかった時は，最後の方法として「公共職業訓練」を受けてみるという方法がある。そうすれば 3 カ月の給付制限が適用されない。


## 2．失業給付の受給に必要な雇用保険の加入期間
- 自己都合：2 年以内に雇用保険加入期間が通算して 12 カ月以上あること。
- 会社都合：1 年以内に雇用保険加入期間が通算して 6 カ月以上あること。
- ※通算というのは前職との通算ということである。


### 離職しても失業認定されない場合
- すでに次の就職先が決まっている。
- 早期リタイアや専業主婦になる予定で，働く意思がない。
- 妊娠，出産，病気，怪我，親族の介護ですぐに働くことができない。


## 3．雇用保険失業給付の支給日数を長くする
### 1）「診断」を利用する
　身体障害者，知的障害者，精神障害者等に対しては，「就職困難者」として支給日数が一般より長くしてある。たとえば 20 年以上の加入期間で 45 歳以上 60 歳未満であれば，330 日の支給日数となる。もしあなたの病名が「統合失調症，躁うつ病（うつ病），てんかん」のいずれかであれば，ハローワークで「主治医の意見書」という様式を入手し，主治医に書いてもらい受給資格認定時に提出する。すると「就職困難者」として支給日数を長くすることができる。

この手続きは「精神障害者保健福祉手帳」でもできるが，この手帳申請は初診から6カ月経過しないと診断書を書いてもらえないし，同時に医師の「就労が可能である」という診断書も併せて書いてもらうと費用もかかる。それが先ほどの「主治医の意見書」であれば，6カ月経過しなくても書いてもらえるし，何より1通で済ますことができる。また仕事を探すうえでも一般で探してもいいし，「障害者雇用」の枠でも探すことができる。

　注意しなければならないことは，最初に受給資格認定の手続を通常で行ってしまうと，途中で「主治医の意見書」や「精神障害者保健福祉手帳」を提出しても，就職困難者に切り替わらないということである。

### 4．雇用保険の受給期間延長をする

　失業給付は，「就職しようとする意思，能力，仕事を探す努力をしているにも関わらず，就職できない」場合に給付されるものである。そこで妊娠，出産，病気，怪我，親族等の介護などですぐに働くことができない場合には，1年の受給期限を延長することができる。本来は離職から1年間を経過すると，給付日数が残っていてもその時点で給付は打ち切りになる仕組みになっている。そこで「受給期間延長（多くもらえるのではなく，期間を後ろにスライドするという意味）」をしておけば，これを最大4年まで延長し，働くことができる状態になってから支給を受けることができる。退職後から申請期限はスタートするので，入院等で申請が遅れてしまうと，退院後にハローワークに行った時点で「もらえるはずの期間は終了」ということもある。

　この手続きには「入院加療中」「外来加療中」の診断書をもって，受給期間を後ろにスライドさせておき，「働ける状態＝雇用保険の失業給付を受ける状態」になった時点で「就労が可能」との診断書を提出し，止めていた失業給付を開始することができるのである。

## ５．制度の順番は傷病手当→雇用保険の失業給付→障害年金

　制度の利用を時系列で説明すれば，最初は「傷病手当（1 年 6 カ月）」，次が働ける状態にまで回復していれば，「雇用保険（90 ～ 180日，年齢によって異なる）」を申請する。これらを上手に繋げれば，約 2 年の生活費が捻出できる。その後は回復していれば就労し，回復が難しく就労が困難な状態であれば「障害年金」を申請する。しかし障害年金は病名，病状などの診断書による審査があるので，必ず支給されるものではない。よって初診から 1 年半経過しても病状が回復せず，障害が残った（働けない）時点で，自分の場合は障害年金に該当するかどうかを一度主治医に聞いておくといいだろう。

## ６．確定申告

　年の途中で退職し，再就職しない（年末調整を受けない）場合には，税金を納めすぎることになる。その場合は確定申告（2 月中旬～ 3 月中旬）をして税金を取り戻すことができる。入院や外来の医療費と交通費，そして介護保険サービスを「医療費控除」として申告する。

## ７．退職金

　退職金の支払いについては，会社に法的な義務はない。さらに支給金額だけでなく，支払うかどうかも含めて会社が独自に決めることができることになっている。退職金がある会社は「退職金規定」を設けているので，退職前に調べておくとよい。それには「自己都合退職」と，「会社都合退職」の給付率が書いてあるはずだ。あるデータによれば勤続 20 年の自己都合退職金は，平均約 820 万円。会社都合退職金は約 990 万円で,実にその差は 170 万円にもなる。勤務年数が長ければ 200 万円以上違ってくる。つまり「会社都合」の方が，雇用保険の失業給付も早く長くもらえる上に，退職金も多くもらえる，さらに国民健康保険料も減額されるので，退職を迫られたならば「会社都合」を要求するほうが得策である。「会社都合退職」の会社側のデメリットは，雇用に関する助成金をもらっていれ

ば停止されるかもしれないということである。

## 8. 健康保険料の減額優遇措置

　失業して無職になった場合,国民健康保険に個人で加入するか,勤務していた前の会社の健康保険を任意継続するかを選択することになる。会社都合で失業した際の救済措置として,国民健康保険の保険料が約7割減額されるという仕組みがある。ハローワークで発行される「雇用保険受給資格者証」を役所に持参して手続を行う。

## 9. 国民年金保険料の免除申請

　失業すれば厚生年金保険から国民年金に切り替わり,国民年金保険料を支払うことになるが,収入がないのに毎月16,590円(令和4年)を支払うのは難しい。そこで役所に行き「年金保険料の免除申請」をするとよい。雇用保険受給資格者証の写しや雇用保険被保険者資格喪失確認通知書など,失業していることを確認できるものを持っていく。免除期間中については,将来受け取る年金額は少なくなるが,10年以内であれば後から納めて(追納),全額納付に戻すことができる。

文　　　献
中村美奈子(2017)復職支援ハンドブック. 金剛出版.
難波克行・向井蘭(2013)復職支援マニュアル. レクシスネクシス・ジャパン.

第 13 章

# メンタル強化法について

## 1　はじめに

　上司に注意されて,「叱られた。もうダメ」と思う人もいれば,「ドンマイ，次失敗しないようにすれば大丈夫」と，全く落ち込まない人もいる。この違いはいったいどこにあるのだろう。決して「根性がある／なし」や,「性格が明るい／暗い」だけではなさそうである。まずは支援者自身が，悲観的にならない思考法を身に着ける必要があるだろう。

## レッスン1　疲れない体を作る

　疲れやすい身体では,仕事に集中できない。早晩大きなミスをして叱られることになるだろう。そして「叱られる」→「落ち込み，不眠」→「不眠なので疲れがとれない」→「再びミスをする」→「さらに厳しく叱られる」というループに陥ることになる。つまり精神疾患予防の第一歩は,「疲れにくい身体を作ること」と言える。

### 1．具体的にすること
　①セロトニン（神経伝達物質）を増やすため，肉，納豆，チーズ，牛乳，ヨーグルトを食べる。
　②酸素と栄養が行き渡らないと脳の機能低下や筋肉の硬直を招きやすい。そこで血流を促進する。
　③血流促進には，入浴，運動，マッサージ，ストレッチが有効である。
　④ヨーグルト＋食物繊維で「善玉菌」を増やし,腸を綺麗にする（免

疫機能の維持）。

⑤食物繊維を摂取するには，ゴボウ，サツマイモ，わかめ，昆布，大根，しいたけを食べるとよい。

⑥疲れをとるには，やはり睡眠が一番大切である。

⑦筋トレをして筋肉量を増やすのもよい。

## 2．ぐっすり眠るために工夫すること

①シャワーだけにせず，入浴して温まるとよい（38〜40℃）。

②夕食と飲酒は，寝る3時間前までに済ませる。

③休日の寝坊は2時間まで。起きたら少し運動。昼まで寝ると月曜の体調不良につながる。

④休日は，ダラダラ過ごさず，1回外に出る（充実した体験記憶を残しておく）。

⑤「休日は何もしない」ではなく，仕事や勉強を少しするとよい（脳の報酬系を刺激，達成感を味わう）。

⑥オンとオフを意識するとよい（旅行，映画，コンサート，買い物などで息抜きをする）。

⑦日付が変わってからはパソコン，メール，ゲームはしない（寝つきを悪くするブルーライトを避ける）。

⑧女性で不眠，うつ，疲れやすい等の症状があれば，フェリチン値（貯蔵鉄）を検査する。

※これらを試しても効果がなければ，一度「心療内科」を受診する。

## レッスン2　レジリエンスを知る

レジリエンスは，「困難な状況でも耐えて素早く回復する力」，または「うまく適応できる能力」と訳される。レジリエンスのある人には，次のような特徴がある。

①レジリエンスのある人は，「自分の強み」を把握している。ない人は把握していない。

②レジリエンスのある人は，「自分の強み」を日頃から磨いている。ない人は磨いていない。

③強みを活かせる人は，仕事の充実度や達成感が高く，自尊心が向上する。

④強みに焦点を当てる上司は，部下の意欲を格段に引き出すことが
　できる。
⑤強みを活かせば活力が生まれ，ストレスを感じにくくなり，回復
　力も早くなる。


## １．レジリエンスを強化するには

　「信仰心」は，レジリエンス強化にとても有効と言われている。し
かし，「宗教」や「信仰」という言葉に，嫌悪感を持つ人がいるのも
また事実である。そこで「宗教」や「信仰」と距離を取りたい人は，
以下のことを実行してみてはどうだろう。

　①ネガティブ感情は無視せず，その日のうちに向き合うことで「処
　　理」をする。
　②運動で汗を流すことは有効である。運動の代わりに早足，階段を
　　駆け上がる，一駅歩くでもよい。
　③音楽を聞く場合は，パンクやロックよりもクラシックや演歌が効
　　果的である。
　④深呼吸（鼻から空気を吸い，吸う時間の倍かけて口から息を吐く）
　　することは効果的である。
　⑤日記をつける（頭の中で嫌な記憶を保存せず，違う媒体に移す行
　　為でもある）。
　⑥失敗したらクヨクヨせず，「次回どうしたら失敗しないか」という
　　対策に力を注ぐ。
　⑦自己効力感を手に入れる。


## ２．自己効力感とは何か

　自己効力感とは，「難しい状況でも，私ならきっと乗り越えられる，
うまくやれる」と自分の可能性を信頼する力のことである。この力
が強い人ほど，課題を遂行する可能性は当然高くなる。つまり，こ
の力を養うことがメンタル強化になるというわけである。例えば，

　①「以前も似たことはあった。けど何とか乗りきった」という成功
　　体験を積む，または思い出すことは有用である。

②うまく行っている人の行動を観察し，それを真似る。お手本や師匠を持つのもよい。
③他者からの感謝，励まし，労いをもらえる職場環境ならば，とてもよい。
④職場内で認められ，支えあう関係があると，課題遂行力は格段に強化される。
⑤成功報酬は大切である（お金，労いの声かけ，差し入れ，サンクスカードなど）。
※サンクスカードとは，従業員同士，上司と部下で感謝の気持を伝え合う制度。ザ・リッツ・カールトン東京や日本航空，東京ディズニーリゾートでメッセージカードを手渡ししている。

## 3．マインドフルネス

　Google など一流企業が採用するマインドフルネスは，今起こっている経験に注意を向けてストレスに対処する方法である。仏教の「八正道」や禅・瞑想に近いとされ，その発展過程で幾つかの流派に分かれている。ただし，うつ病で治療中の人は悪化する可能性があるとも言われているので，まずは主治医と相談して欲しい。

①ゆったりと椅子に座り，首と肩の緊張をほぐす。
②背筋をまっすぐにする。
③目を瞑り，息に注意を集める。
④吐く息と一緒にストレスが外に出る感覚を持つ。
⑤吸う息と一緒にエネルギーが入ってくるイメージを持つ（息は鼻から吸う）。
⑥活力が戻ったら仕事に戻る。
⑦自分の怒り，恐れ，不安等のネガティブ感情に気づけば，まず呼吸を正す。

## 4．感謝する（感謝行）

・「ありがとう」「ありがたい」「おかげで」を，毎日必ず言う。
・感謝をすれば幸福度が高まるので，ネガティブ感情を中和できるという機制である。
・また高血圧になりにくく，免疫力が向上する。

・思いやりが生まれて，考え方が前向きになる。

　しかし「人に感謝したことなんて一度もない」人には，「感謝する」こと自体が簡単ではない。そこで最初は「感謝日記」をつけることで，少しずつ脳を慣らしていくとよい。

　感謝日記のつけ方
　①1日の終わりに「良かったこと」を3つ思い出し，それを日記につける。
　②書いたら「ありがたい」と口に出し，そっと日記を閉じる。
　③感謝することが思い当たらない人は，次の例文を真似て書いてみるところから始めるとよい。
　・「今日も休むことなく，仕事に行けました」
　・「交通事故に遭わず，帰ることができました」
　・「大きなクレームもなく，仕事を終えることができました」
　・「お昼ご飯は，残さずに美味しくいただくことができました」
　・「傘を持たずに仕事に行ったけれど，雨に降られることもありませんでした」
　・「職場の食事会では，美味しい肉が食べられました」
　・「家族も自分も無事に一日過ごせました」
　・「虫歯がないので，ご飯を食べるときに痛まず美味しくいただけました」
　・「〇〇課長から叱られることがない一日でした」

## レッスン3　認知（ものの見方，受け取り方）に働きかける

　例えば「子どもが外で遊んで，泥だらけの足で家に上がる」行為を，「元気に遊んだ証拠，仕方ない，よしよし」と思える人もいれば，「家が汚れるから不潔，止めて！」と怒りだす人もいる。前者は喜んでいるのでストレスにはならないが，後者は「止めて」と怒ったのでストレスとなる。さらに怒られた子どもは，「外で遊ぶ行為」自体を叱られたと感じるので，子ども自身のストレスにもなるだろう。そこでレッスン3では，「認知」に働きかける方法を紹介する。

## 1．自分の認知の歪みに気づく

　私たちは生きていく中で，知らず知らずに身につけた「ものの考え方や，受け取り方の癖」を持っている。うつ病などの治療に有効な「認知（行動）療法」では，この癖のことを「自動思考」，または「認知の歪み」と呼ぶ。認知とは，外界にある対象を知覚し，それが何であるかを判断したり，解釈したりする過程である。また一言で「歪み」といっても，次のように実に沢山ある。

- ・白黒思考：中間がなく，「100点でなく80点ならば，0点と同じ」という考えである。
- ・根拠のない決めつけ：思いつきを信じること。「きっと，うまくいくはずがない」が口癖である。
- ・部分的焦点づけ：短絡的に結論づけること。たまたま挨拶されなかったら「嫌われた」と考えてしまう。
- ・過大評価・過小評価：「私ならやり遂げることができる」か，「私には絶対できません」が口癖である。
- ・すべき思考：「主婦なら家事を完璧にすべきだ」「上司なら配慮すべきだ」と言う。
- ・極端な一般化：少しのことで総てが同様になると結論する。「どうせ，きっと」が口癖である。
- ・自己関連付け：悪いことが起きると，「自分のせいで起こったのだ」と自分を責める。
- ・情緒的な理由づけ：「初めてだから不安」と思わず，「不安だから私には無理」と考えてしまう。
- ・自分で予言を実現する：否定的な予測によって，結果的に予測を実現させ，さらに確信を深めていく。

## 2．情緒中心対処法

　情緒中心対処法は状況や対象の結末の意味を変え，その状況を自分がコントロールしているという感覚を持つことで，精神的安定を保つという方法である。例えば利害関係ならば，価値を下げるように認識を変えたり，悪い結果の中にもよい面を見出そうとしたり，より悪い事態と比較することで自分の現状に満足し，情緒を安定させることができる。

①その出来事に，プラスの意味を見い出す
・「子どもが不登校になったけれど，それを機に夫は酒を飲みに出歩かなくなった」
・「夫が働かなくなったので，仕方なく始めた美容院だったけど大繁盛した」
・「喧嘩の絶えない家に育ったが，そのお蔭で相手を思いやる大切さがわかるようになった」

②最悪の事態と比較し，現状認識を変える
・「クルマをぶつけた。でも人身事故ではないので，まだ良かった」

③問題を人格や性格のせいにはせず，「対処法」が間違っていたと考える
・「ダブルチェックをせずに郵送するから間違いが発見できなかったのだろ，アホ！」と言わず，「郵送前に『郵送していいですか？』と言ってくれたら確認できたのに」

④第三者に愚痴を言う
・これは即効性があるけれど，話す相手を間違えると問題拡大になるので要注意である。


## 3．ビリーフチェンジ（考え方を変える）

　誰しも「考え方の癖」があり，それが日常生活の判断基準となっている。つまり物事を自動的に「前向き」に考える人もいれば，自動的に「後ろ向き（ネガティブ）」に考える人もいる。例えば子どもが母親に「クソババア」と言ったとする。それを「親に対して何ということ。非行の始まり」と考えた場合の親の行動は，子どもに説教をして行動監視をするだろう。そうなると子どもは窮屈になるので，近いうちに大きな衝突が起こるに違いない。
　しかし「親離れ，子離れの時期が来た」と考えた場合には，行動は変わってくる。「ババア」という度に嬉しそうな表情になれば，喧嘩にはならない。

　訓練の手順

表1　ビリーフチェンジ

| 今日の出来事 | それをポジティブに捉えると |
|---|---|
| 寝坊して遅刻しそうになった | ○結果的には遅刻していない。ラッキー |
| 職場の同僚が私に嫌味を言った | ○嫌味を言うくらい私の存在が大きいに違いない |
| 課長に叱られた | ○期待が大きい分注意にも熱が入ったのだろう |
| 同僚のSが仕事を押し付けた | ○私のほうが絶対いい結果になるからね |
| 道歩いていて犬のウンチ踏んだ | ○犬だからまだいい。牛なら大変だった |

①大学ノートを用意する。
②そのページの中央に，縦に1本線を引く。
③1日の終わりに，「その日の出来事」を線の左側に書き出す（箇条書きでよい）。
④その中で，ネガティブなことがあれば，×ではなく○をする。
⑤○をしたら線を挟んで右側に，「ポジティブな捉え方」を考え直して書いてみる（例，表1）。


## 4．メリット・デメリット法

　実は「問題」と言われるものにも，必ず多少のメリットがあるものである。そのことに気がつけば「問題」に対しての嫌悪感が，かなり中和される。時にはもう「問題」でなくなることさえある。


手順
①仮に問題を「上司と対立するので退職したくなった」とする。
②メリットは，「人生を変えるいい機会。体の調子もよくなり，ぐっすり眠れる」とする。
③デメリットは，「嫌になったら簡単に会社を辞める人間だと思われる。無収入になる」とする。


　このように「メリットとデメリットを両方書き出し，自分にも周囲にも利点の多い方法を選ぶ」というシンプルな方法である。

### 5．つらさを時間軸（数字）に直す

　時間軸という視点も忘れてはならない。なぜなら心が弱っている時は，問題や不幸が未来永劫続くと考えがちであるからだ。例えば「課長に嫌われた。もうダメだ」と思っても，その課長は「あと 3 年で定年」かもしれない。あるいはその前に他の部署に異動するかもしれない。逆に自分が他の部署や支店に異動するかもしれない。

　また「嫌われた」と言っても，「毎日 8 時間叱られ続ける」ことはないし，本当にあれば「パワハラ」や「不適切な指導」として，確実に上司の立場が危うくなる。つまり焦らずに「時間軸」でも考えてみることは大切である。

　アレンジとして「数字を小さくする方法」もある。

悩み：「定年まであと 10 年もある。そこまで我慢できない。早く辞めたい」

①年間休日をまず調べてみる。年間休日が 120 日であれば 10 年で 120 日×10 年＝ 1200 日。1200÷365 ＝約 3.28 年。つまり 3.28 年は休日である。休日中は基本的に仕事しないので 10 年 − 3.28 年＝ 6.72 年。つまり「10 年辛抱」ではなく，「6.72 年辛抱」なのである。
※この段階で「わかった，我慢する」と納得できる人はいないので，次に進む。
②「これ以上仕事はできない」という思うことが 1 日に何時間あるか調べる。
③1 日に 2 時間がつらいなら 2 時間×245 日（休日 120 日を除く）＝ 490 時間がつらい。
④490 時間を 1 日 7 時間として換算。すると 70 日。1 年のうち 70 日の辛抱ということ。

　このように漠然と「つらい」というより「○日」と具体的な数字を出して「不安」を観察するわけである。

## レッスン 4　ストレス・コーピング

　ストレス・コーピングとは仕事や人間関係などの場面でストレスを感じた時に，上手にストレスに対処する方法のことである。

表2　ストレスコーピング

| | |
|---|---|
| 1．上司のシミや白髪を数える | 2．独り言をいう |
| 3．SNSをする | 4．ラーメンを食べる |
| 5．カラオケで歌う | 6．朝日を浴びる |
| 7．机やお風呂場を掃除 | 8．一時間外を走る |
| 9．キャバクラ | 10．アルコールを飲む |
| 11．パチンコ | 12．ゴルフをする |
| 13．ドライブする | 14．旅行に行く |
| 15．家族と過ごす | 16．昔の写真を眺める |
| 17．釣りに行く | 18．山登りをする |
| 19．写真をとる | 20．自転車に乗る |
| 21．貯金通帳を眺める | 22．プラモデルをつくる |
| 23．ゲームをする | 24．ネットサーフィン |
| 25．ジムで体を鍛える | 26．DVDを観る |
| 27．読書をする | 28．音楽を聞く，演奏する |
| 29．マッサージにいく | 30．草野球をする |
| 31．焼肉を食べる | 32．洗車をする |
| 33．日曜大工をする | |

**簡単な方法**

①ストレスに対して，どんな気晴らしや対策が効果的かをリストアップする：まずは思いつく限りの対策を書き並べる。

②実際のストレス場面のとき，今のストレスはどういう種類かを観察する：「ストレスは強いか，弱いか」「体へはどんな反応として現れたか」を観察する。

③ストレスに適した気晴らしや対策を実施する：リラックス音楽を聴くとか，逆にハイテンションの音楽にするとかを試してみる。

④効果判定する：これらを行ってストレスが減ったかどうかを判断し，まだストレスを感じる時は，他の対策を続ける。そして効果があったものと，なかったものを整理する（例，表2）。

## レッスン5　問題解決法を知る

　問題解決法は，ストレス対処法やカウンセリングの方法としても有効性が示されている。

### 1．問題の明確化（状況把握）

　問題を「いつ」「どこで」「誰」「何」「なぜ」「どのように」という，

5W1Hの観点で整理。ここでのポイントは冷静に問題状況を整理することである。

## 2．ブレインストーミング（集団発想法）

　ブレインストーミングとは，できる限り多くの解決策を考え出す方法のことである。そのコツはたとえ馬鹿馬鹿しいことだと思っても，制限せずにどんどんアイデアを出すこと。また他の人のアイデアでも自分のアイデアでも，最初から「突飛だ」と批判や判断をしてはならない。批判をしても，されても途中で発想する力に大きくブレーキが働くことになるからである。

## 3．解決策の決定

　次に一つひとつの解決策が「効果的」なのか，「現実的」なのか，「実施した場合にどうなるのか（結果）」を予測する。そしてA案，B案，C案があれば，それぞれに「効果があるものは○」「効果が不明なものは△」「効果がないものには×」をつける。同様に「実現可能であれば○」「実現が不明であれば△」「実現不可能ならば×」をつけていく。

　つまり適切な問題解決策は，「効果○，現実性○」という評価になったアイデアである。逆に「効果×，現実性×」は，解決策としては不適切ということになる（例，表3）。

## 4．段取り

　選択判断で「適切」と判断した解決策に対しては，具体的な実行計画を立てる。

## 5．事前試行

　具体的な実行計画を立てた解決策を，再考したり，予行演習をしたりする。

表3　問題解決策を検討する

| 解決策 | 効果 | 現実性 |
|---|---|---|
| 1）早く寝る | ○ | △ |
| 2）目覚まし2個置く | △ | ○ |
| 3）2個の内1個を遠くに置く | ○ | ○ |
| 4）前の日に準備する | × | ○ |
| 5）時差出勤（しかしそんな制度はない） | × | × |
| 6）大音量目覚まし | ○ | △ |
| 7）寝る少し前に入浴する | ○ | ○ |
| 8）夜10時過ぎたらテレビは観ない | ○ | △ |
| 9）一人暮らしをやめて家族と暮らし，起こしてもらう | ○ | × |

## 6．実行して結果を評価する

　では「問題解決法」を使って，解決策（効果と現実性の予測）を考えてみよう。例えば，

　　問題：「毎日目覚まし時計をかけるが，起きられず，いつも遅刻ギリ
　　　　　ギリだ」
　　目標：「目覚ましが鳴れば，すぐに起きられるようになる」
　　明確化：「目覚ましが鳴っていても気づかない，今日も起きられず情
　　　　　けない」

　このように表にして「○○」を探すと，ここでは3）と7）が該当する（表3）。そこで次は「段取り（実行計画）」に移る。まず目覚ましを2つ用意する。うち1つは大音量のものにし，時間を少し遅らせて布団から遠くに置いてみる。お風呂はシャワーをやめて入浴するようにする。そうやって実行して，効果があるかないのかを検証し，ないのならば再検討をするという手順になる。

## レッスン6　ツボを押す

　ストレスは，最初に身体の不調として現れる。例えば，「最近，風

邪をひきやすく，治りにくい」「手や足がずっと冷たい」「手のひらや脇の下にすごく汗をかく」「息苦しい」「動悸がする」「胸が痛くなることがある」「頭が重い」「目が疲れる」「鼻づまり」「めまい」「立ちくらみ」「耳鳴り」「口の中が荒れる」「喉が痛い」「舌が白い」「食べ物の味がしない（味覚異常）」「胃がもたれる」「肩こり」「下痢（便秘）」「首筋がはる」「背中や腰が痛い」「体重が減った」「熟睡できない」「夜に何度も目が覚める」「ちょっとしたことでも腹が立つ」等の症状があれば，一度心療内科に相談するのがよい。それほどでもなければ予防として次のツボを押してみてはどうだろう。

### 1．天宗というツボを押す

　天宗は肩甲骨のほぼ中央にある肩こり解消のツボである。例えば右肩が凝っているとき，左手で肩甲骨の中央辺りを触ってみると，肩甲骨の中央に少し凹んでいるところがある。そこを押すと電気が走るような感覚が，肩全体に伝わるはずだ。押しても何ともない場合は，ツボではない。そこを徐々に力を入れながらマッサージしてみよう。U字型のつぼ押しグッズや，仰向けでゴルフボールを当ててもよい。

### 2．肩井というツボを押す

　肩井は肩の井戸と言われるツボで，肩こり治療には欠かせない。左（右）手を右（左）肩の上に軽く置き，指で肩の中央辺りを触ると，窪んでいる所がある。ここが肩井だ。このツボに振動が伝わるように強く指で押しながらマッサージをする。力が肩の内部まで伝わっていく感じがするはずだ。このとき，首をゆっくりと横に回したりするとより効果がある。もし誰かに肩を揉んでもらえるのならば，肩井のツボを指先で押さえて肩をつかみ，そしてギュッとつかんだまま上に持ち上げ，パッと手を放すと中国整体治療の手技になる。

### 3．肩こり体操

①椅子に座って，ゆっくりと頭を胸に着くくらいに倒す。今度は頭を後ろに倒す。

②次に頭を左肩に着くように真横に倒す。

③戻したら次は右肩に着くように真横に倒す。肩は動かさない。

④次に力を抜いて左側から右側に，ゆっくりと首を3回まわす。

⑤最後に右側から左側に同じように3回まわす。

### 4．整体やマッサージ

ストレスがかかると肩や腰，首筋が凝る。そこで時々は整体やマッサージ，カイロ，鍼灸にいくのもお勧めだ。その場合は以下のことに注意をしよう。

①あんま・柔道整復・鍼灸は，健康保険の対象である。まずは電話で確認するとよい。

②あん摩マッサージ指圧師，はり師，きゅう師は国家資格。看板に「マッサージ，鍼灸」とある。

③それ以外の整体，エステ，癒し処は，無資格か民間の数日研修。看板は「もみほぐし」である。

④安心なのは，当然国家資格者のいる店になる。

## レッスン7　自分のトリセツ（取扱説明書）を作る

昔のクルマはよくオーバーヒートしたが，今でも夏場の渋滞でエアコンを効かせて，音楽を聴いているとバッテリー上がりを起こしてしまう。なぜかというと，バッテリー充電は走行して発電機を動かし，充電する仕組みであるが，充電しないまま電力消費をするからである。そこで対策は，渋滞中は風量を弱にするか，音楽を止めて節電するかになる。また家電でも，連続使用するとモーターが火傷するくらい加熱するものもある。

これらは取扱説明書に書いてあるが，読まずに使い続けて壊してしまう人が多い。

しかし，クルマや家電は買い替えすればいいが，人はそうはいかない。個々の耐用年数やメンテナンス方法が違うことに留意する。ト

リセツを無視すると心身の健康を壊すことになるから注意しよう。

## 1．仕事の効率が悪い人がすべきこと

①仕事の進捗を記録する（いつ・どこで・何を・いつまでに・どれだけ・どうやって・どこまで）。
・すべきことを手帳やカレンダーに書く（視覚構造化）。
・優先順位を見直す（その日にすること，明日でもいいこと，その週でもいいこと，その月にすること）。
・やり終えたら横線を引き，消す。
・作業日誌をつける（予定と実際。何ができて，何ができなかったか）。
・作業日誌には作業量・進捗・体調を記入する。
・自分用手順書を作成する（効果的な仕事の仕方がわかってくる）。
・手順書は図解して机の上に置く。
②報告・連絡・相談を確実にする。
③できないことは，きちんと断る。
④自分を客観視する「意識」を持つ。
⑤仕事は小分けし，できることから。
⑥手順がわからなければ聞く（勝手にせずに，誰かに聞く）。
⑦時間管理には，スマホやスマホウォッチのアラームを使う。
⑧同じ場所に収納する（鍵，印鑑，書類は置き場所を決め，必ずそこに戻す）。
⑨着るものや書類は前日に用意し，玄関に出しておく。
⑩喫茶店やトイレに鞄を忘れたことが度々あれば，ADHD（注意欠陥多動性障害）が疑われるが，対策としては，「大事なものは体から離さない」「書類は封筒のまま手に持たず，カバンに入れる」「その鞄を忘れないためにショルダーバッグにし，常に肩から斜め掛けにする」といったことを徹底する。

## 2．空気が読めないと周りから言われたことがある

①思ったことをすぐ口に出さない：例えば「その髪形，変よ」「鼻毛出ていますよ」「ワイシャツが汚れている」など。
②相手の欠点を言わない：「本当のことだもん」と正義ぶる人がいるが，本当のことだから言ってはならないのである。
③相手が黙ったり，怒ったりしたらすぐ謝る（言い訳せずに謝る）。
④周囲の人の話し方を観察する。

⑤何かを主張するときは，最初に相手の他人の意見を最後まで聞き，その後で述べる。

⑥会議ではメモして要点をまとめ，その後で意見する（だらだら話をしない）。

## 3．仕事の頼み方，断り方を覚える

①「今忙しくて，よければ少し手伝ってもらえませんか？」と理由を告げて頼む。

文　　献

平岩幹男監修，shizu（2013）発達障害の子どもを伸ばす魔法の言葉かけ．講談社．

岩波明（2014）心の病が職場を潰す．新潮社．

樺沢紫苑（2020）精神科医が教えるストレスフリー超大全―人生のあらゆる「悩み・不安・疲れ」をなくすためのリスト．ダイヤモンド社．

久世浩司（2014）「レジリエンス」の鍛え方．実業之日本社．

## 第14章

# Ｑ＆Ａ：あなたの悩みにお答えします

　精神保健福祉士や公認心理師などの資格を持つと，勤務先の職員やその上司からメンタル相談を受けることがある。しかし，従業員と雇用主では立場が違うので，助言内容が中途半端になることが多い。その場合は，「従業員には休職する権利があるが，会社には復帰を認めない権利がある」という大原則を踏まえることである。

## 1　産業保健編

**（Ｑ１）精神疾患は，何科に行けばいいの？**

　精神科と神経科は，「精神・神経科」として一緒に扱われることが多いが，ここで近隣領域も整理しておく。

　精神科：うつ病や統合失調症などの精神障害が対象である。
　神経科：ノイローゼと呼ばれるようなパニック障害，強迫性障害が
　　対象である。
　心療内科：ストレスが原因の心身症（過敏性腸症候群，胃潰瘍等）や，
　　検査で異常がない不調が対象である。しかし最近では，「精神・神
　　経科」だけの看板では敷居が高くて患者さんが来ないので，便宜
　　上「心療内科」を加えることが多い。
　神経内科：脳や脊髄，神経，筋肉の病気をみる内科（パーキンソン，
　　認知症，てんかん）である。

　また診療科目は，内科，外科，小児科，眼科など数多くあるが，医師免許はすべての診療科を診ることができるオールマイティ資格である。ゆえに医師一人のクリニックであっても，多くの診療科目が掲げてある。つまり「専門医ではないけど診ることはできる」とい

うことである。ちなみに医師（医師法）と歯科医（歯科医師法）は，別の資格である。

## （Q2）よい医療機関の見分け方

　書店にいくと，『名医がいる病院100選』といった類いの書籍を見かけることがある。しかし，その多くは雑誌広告である。つまり，記者が医療機関から広告料をもらって書く宣伝記事なので，鵜呑みはできない。またネット情報についても，罵詈雑言を好んで書く人もいるので，これもまた信用できない。そこで各県や大きな都市には精神保健福祉センターや保健所があるので，そこで相談してみる方法がある。「公的機関が特定の医療機関を推薦できません」と言いながらも，何らかのヒントはもらえるはずである。もし何もヒントがもらえなかった場合には，次の6点を参考に探して欲しい。

①薬物療法だけでなく，カウンセリングや心理療法を重視していること。特にCBT（認知行動療法），EMDR（眼球運動による脱感作と再処理法），TFT（思考場療法），マインドフルネス，スキーマ療法，家族療法等の心理療法が受けられること。
②復職支援プログラムがあること。
③臨床心理士・公認心理師や，精神保健福祉士などによるカウンセリングや相談が受けられること。
④薬の副作用や，家庭での過ごし方についても説明してくれること。
⑤職場関係者や家族との面談にも嫌がらず，時間を割いてくれること。
⑥診断書や会社に提出する書類を嫌がらず，さっと書いてくれること。

　また「病院」と「クリニック」のどちらが適しているかは，一長一短がある。
　病院
　病院の最大の長所は，自殺企図や重篤な症状があった場合に，入院できるということである。また緊急時にも当直医がいるので，通院患者であれば何らかの助言や処置をしてもらえるかもしれない。

逆に短所は，診察時間が平日の午前中までというところが多く（午後は入院患者を診察），土日が休日の人は受診のために仕事を休む必要がある。しかしわずかながら，土曜日の外来診療や午後も診察してくれる医療機関が増えている。

　クリニック

　長所は，夕方 19 時までや土曜日の診察をしてくれるところが多く，安心して仕事帰りや休日に診察を受けることができる（※通院期間が長期になれば平日に休暇取得をして来院するのは困難。仕事を休まず受診できるのは助かる）。

　短所は，ほぼ入院設備がないので（20 床以上が病院，19 床以下がクリニックだが，精神科クリニックの有床は極めて珍しい），自殺企図や緊急時に対応が困難であること，夜間や祝祭日，休日は医師不在であることがある。もし，その時間内に急変することがあれば，他所で「精神科救急」等に相談することになる。

## （Ｑ３）メンタルヘルス上のリスクマネジメント

　自殺は，一般的に労災保険給付の対象ではない（労働者災害補償保険法 12 条の 2 の 2 第 1 項）。しかし業務上の心理的負荷による精神障害を原因とするような例外的な場合には，業務上の死亡と認められる場合がある。その業務上と判断する要件は，次の 3 点を全て満たすこととなっている。

　①対象疾病に該当する精神障害（うつ病等）を発病していること。
　②対象疾病の発病前おおむね 6 カ月間に，客観的に当該精神障害を
　　発病させるおそれのある業務による強い心理的負荷が認められる
　　こと。
　③業務以外の心理的負荷および個体側要因により当該精神障害を発
　　病したとは認められないこと。

　仮に労働災害（公務員の場合は公務災害）と認められた場合には，管理監督者の「安全配慮義務」違反がほぼ問われる。よって人事課や管理監督者は，リスクマネジメント（危機管理）の視点を持つこ

とが必要である。特に個人情報の取り扱いには慎重を期し，本人の同意なしに情報を入手したり，提供をしたりしてはならない。

　例えば民法では，うつ病を含む精神疾患は「重症であれば婚姻を継続しがたい重大な事由」に該当する可能性がある。なかには配偶者に内緒で治療を継続している人もいるだろう。それを上司が本人の了承を得ずに配偶者に「家庭での情報」を聞き出せば，結果的にうつ病に罹患していることを伝えてしまうことになる。また，たとえ家族であっても，すべて好意的に対処する関係性だとは限らない。

### （Q4）休職期間の通算について

　業務起因性での負傷や病気の場合には，療養中および，その後30日間は解雇することができない。これは労働基準法第19条に「解雇制限」として定められている。したがって業務に起因する「うつ病」も同様である（東芝（うつ病・解雇）事件，東京高裁，平成23（2011）年2月23日判決）。

　業務起因性か，否かについて不明ならば，本人の許可を得たうえで主治医もしくは産業医に確認する。裏を返せば，その期間の満了後に解雇できるということである。また先般，厚生労働省研究班から「うつ病で休職した会社員は，復帰後5年以内に約半数が，病休を再取得する」との発表があったように，うつ病の再発率の高さは他に比べて突出している。

　就業規則で定める休職期間は，中小企業では6カ月程度，大企業では1〜2年程度が多く，公務員は3年である。しかし，休職は法律で定められておらず企業の任意規定のため，企業によってルールが異なる。また休業制度がない企業や，期間やルールの詳細を決めていない企業もある。

　運用については，一部の企業や公務職場では，休職期間が満了する前に一度復帰させてリセットし，再度休職とすることもあるようだ。しかし昨今，公務員に対しての優遇が批判的に取り上げられることも多く，徐々に「同一疾病で休職，復職を繰り返した場合には，直前の休職期間を合算する」という「通算制度」を取り入れる自治

体が増えている。これを実施する場合は、「就業規則」上に通算規定があること、そして「同一傷病」あるいは「類似傷病」を通算することを、就業規則上にその旨明記することが必要である。精神科の場合には、医師によって診断名が違うことは珍しくないからである。

**（Q5）リハビリ出社、リハビリ出勤（試し出勤）について**

　会社には、貴重な労働力を失わせることのないよう予防し、休職した従業員が安心して復帰し、日常生活が送れるように支援する必要がある。しかし現在のところ、復職支援については医療機関のデイケアやリワーク支援、各県にある地域障害者職業センターのリワーク支援、NPO の復職支援等があるものの、まだまだ全国どこでも利用できるほど一般的ではない。よって独自に「リハビリ出社」「リハビリ出勤」といった制度を設けざるを得ないのが実情である。しかしこの制度を設けることは義務ではない。導入については処遇や災害が発生した場合の対応、人事労務管理上の位置づけ等についてあらかじめ労使間で十分に検討し、ルールを定めておくことが大切になる。

　リハビリ出社

　復帰直後に実施するリハビリであり、給与は支払われる。そして使用者の指揮命令下に入り、管理監督者には安全配慮義務もある。労働なので事故の補償はあるが、管理監督者側からすれば、再発された場合に「安全配慮義務違反」を問われるという不安がある。

　リハビリ出勤（試し出勤）

　これは、休職中に実施する「賃金が支給されない訓練」である。労働ではないので、使用者の指揮命令下に入らず、管理監督者には安全配慮義務がないとされる。しかし訓練中に事故に遭っても、労働ではないため補償の対象にならない。そこで傷害保険に加入したうえで実施する会社もある。

**（Q6）自宅で取り組めるリハビリとは**

　第1段階（急性期）約1週間

急性期とは症状が急激に現れる時期，あるいは病気になり始めの時期のことである。受診して診断書をもらい会社に提出すれば，病気休暇や休職が始まる。まずはゆっくりと「身体」を休めよう。そのためにも，夜は6〜8時間の睡眠がとれるようにする。

　第2段階（回復期）約1〜3カ月

　2週目からは，睡眠障害の改善を目標として，生活リズムを立て直す。そのためには軽い運動（散歩・体操・ストレッチなど）を取り入れ，少しずつ基礎体力を回復させる。同時に「活動記録票」をつけていくと，自分の気分や体調の変化に気づけるようになるのでお勧めだ。

　主な項目は「①就寝・起床時間（睡眠時間）」「②食事回数」「③気分（沈む・さびしい・不安・イライラ・億劫）」「⑤食欲」「⑥気づき・感想」である。

　第3段階（復職準備期）約1〜3カ月

　生活リズムが安定し，症状も落ち着いてきたならば，通勤訓練と作業訓練を始めてみる。

　通勤訓練：出勤時間に合わせて自宅を出て，勤務時間と同じ時間を近くの図書館に通うか，リワーク施設やデイケアに通所する。最初は週2回程度から始め，体調を見て日数や滞在時間を徐々に増やしていく。最終的には週5日通ってみる。

　作業訓練：リワーク施設やデイケアに通所することが可能ならば，そこのプログラムに従うのがよい。そういう施設がなく自分で訓練をする場合には，最初は図書館で写真週刊誌や漫画，大きな活字のエッセイや童話を読むところから始めるのがよい。それに慣れてきたら休職前に読んでいた新聞や小説に移る。そして集中力と意欲の回復が実感できたならば，仕事関連の本に移るとよい。パソコンや語学が仕事で必要なのにそれが苦手な人の場合は，この機会に近所の教室に通って，検定等を受けておくのもよい。

　生き方・スキルを振り返る：この機会に自分の生き方に無理がなかったのかを振り返るのも勉強になる。たとえばスポーツ選手が怪我した場合は，おそらく「走り方の癖」や「靴のクッション」「怪我

した部位の筋力向上」などを見直すはずである。それと全く同じである。回復してきた時に，「職場環境」「人間関係の持ち方」「自分の性格」「自分のスキル」等を振り返り，対策や工夫を考えるのである。

模擬通勤：近所の図書館通いの次は，職場付近の図書館に場所を移して，実際の通勤時間帯にバスや電車に乗る，あるいはクルマの運転をしてみてもよい。

人と接する：習い事やボランティアに通うのもいい。家族や友人以外の人と接することも訓練となる。

第４段階（復職交渉期）

復職の準備をする：上司，人事，産業管理スタッフなどと会い，復帰について綿密に打ち合わせをする。具体的には「リハビリ訓練制度の有無」と「その期間」である。「リハビリプログラム」と「出退社時間」，「訓練する部署」と「復帰する部署」等を話し合い，気持ちを準備するのである。

## （Ｑ７）リハビリ出勤（試し出勤）で注意すること

「リハビリ出勤」や「試し出勤」を導入する企業も増えてきた。しかし，一方では「安易なリハビリ出勤制度の導入は危険だ」という声もある。それは休職中に行う訓練であっても，他の従業員と同じフロアで同じ時間帯で「訓練」をする以上は，「労働者性」があるとも言えるからである。

そこで大手の企業は，このリスクを会社が背負えないと判断し，リハビリ出勤制度をやめて医療機関の実施する「リワーク」や「デイケア」あるいは，民間のEAP（従業員支援プログラムと呼ばれる企業向けサービス）に訓練を委託するという動きがある。またリハビリ出勤の対象を明確にし，「療養中の精神疾患の原則10割回復が見込まれ，かつ７〜８割のレベルまで回復していること」を条件とする場合もあるようだ。その過程で「頑張っても６割以下の回復しか望めない人」と判定された時は，医療機関などの専門家のいる施設でのリハビリを勧めているらしい。

またリハビリで難しいのは，医療系資格者（医師・看護師・保健

師）や教員を現場以外のどこで，どのような訓練ができるかという
点である。

## （Q8）「休職する」権利と，「復帰を認めない」権利とは

　従業員には，「心身ともに完全な状態で」「所定の労働日に，定め
られた始業時刻までに」「当日の労働に適する服装で」「労務を提供
しなければならない」という「労務提供義務」を果たすことが求め
られる。したがって会社は，従業員がそれを果たせないと判断した
場合は復帰を認めない。その場合に「完全に治してから復帰してく
ださい」という言い方をする。しかし裏の意味は，「休職期間満了ま
では復帰を認めません」ということであり，休職期間満了と同時に
解雇されると考えたほうがいい。また休職を繰り返すケースは，「復
帰判定」の基準も当然厳しくなる。

## （Q9）「土日以外に水曜を休日とする」との条件つき復職診断書が届いた

　復職を判定するポイントは，次のとおりである。

・ 復帰に対して十分な意欲があること（むしろ家族が意欲的という
　ことがある）。
・ 安全に通勤ができること（電車乗降，階段昇降，クルマの運転等）。
・ 職場の設定する勤務時間の就労が可能であること（実際には通勤
　時間も考慮）。
・ 業務に必要な作業がこなせること。
・ 作業の疲労が翌日までに十分回復していること。
・ 昼間の眠気がないこと（作業事故に繋がる可能性）。
・ 業務遂行に必要な注意力・集中力が回復していること。

　また（Q8）で述べたように，従業員は「心身ともに完全な状態
で」「所定の労働日に定められた始業時刻までに」「当日の労働に適
する服装で」「労務を提供しなければならない」という労務提供義務
を果たす必要がある。つまり「定休日以外の水曜日を休む」という
診断書は，「患者（従業員）の負担軽減」の意図であっても，「従業

員がその義務を果たせない」ことを，医師が証明したことになる。

　また復職は，主治医の診断書や産業医の意見を参考にするものの，最終的な判断や復職後の健康管理責任は，主治医ではなく職場側にある。ただし「復職判定」の公平さを担保するために，「判定委員会」を開き，合議で決定する仕組みが必要だ。もし「復帰可能（復職）を決めるのは医師である」と，主治医が考えているならば，それは勘違いである。今後同様のことがないように「復職判定のルール」を丁重に伝えておく必要がある。筆者も人事課長とともに病院にいき，理解していただいたことがある。

### （Ｑ10）復職判定の面談（人事担当者・判定委員会）

　従来型のうつ病では，朝が最も症状が悪く，夕方にかけて回復していくという「日内変動」が特徴である。つまり調子の悪いとされる朝一番（始業時間）に復職判定面談をすれば，回復度を探ることができるというわけである。その時に「遅刻」「ぼんやり」「ちぐはぐ返答」があれば，復職はまだ早いという判断になる。

　また面談では「病状」を聞くのではなく，「日常生活（暮らしぶり）」を聞くのがよい。たとえば「何時に起きた？」「食事や洗濯はどうしている？」「日中はどんな過ごし方？」と尋ねてみる。その返答から「決められた時間に出勤し，一定時間労働できるか」を判断するのである。

　その他には「Ｑ6」の第2段階の「活動記録票」を事前に渡しておき，当日持参してもらうとよい。その記録票の内容と，質問の返答とのズレを見るのである。またこの記録票を家族と一緒に記載してもらうことができれば，より正確な情報となる。というのは休職者の多くは傷病手当（標準報酬日額の3分の2相当）を受給しており，ボーナスも減額または不支給であろう。家やクルマのローンがあれば，経済的にはかなり追い込まれているはずである。一日でも早く復帰しなければならないと考えるのが普通である。つまり実際よりもかなり高評価の記録を提出すると思って間違いない。そうなると復帰直後に病状再燃となるのは必至なので，それを少しでも予

防する意味で家族の評価を知ることは意味がある。

## (Q 11) 復職者の仕事量や待遇は

　仕事量や待遇については，法的な規定はない。また安全配慮義務は，復職を会社が認めた時点で生じることになっている。つまり休職前の仕事量や内容，人間関係に問題があった場合に，同じ環境に戻して再発すると，管理監督者は「安全配慮義務違反」に問われることになる。このリスクを減らすには，いきなり元の仕事量を与えずに，当面は業務量を調整し，残業なしで復職させるのがよい。

　待遇については，就業規則に「能力の低下がみられたとき，あるいは十分な業績をあげることができない場合には，資格を降格させることがある」と，就業規則に定めてあるかどうかを確認する。もし定めてあれば会社としては降格させることが可能になる。

## (Q 12) 復帰従業員の再発と管理責任

　従業員が自殺しただけでなく，精神病に罹患しただけでも労災認定される時代である。うつ病は再発がとりわけ多く，いったん改善しても約60%が再発し，2回かかった人では70%，3回かかったら90%と再発率が高くなると言われている。

　また病休期間でも，1回目は平均107日が，2回目は157日と長くなる傾向もある。しかし，主治医から「復帰可能」の診断書が提出され，従業員も復帰したいと言えば復職を拒否することはできない。もし拒否するならば，正当な理由を示さない限り，裁判・訴訟では合理性がないとして負けることになる。

## (Q 13) 復帰日を決める

　復帰を決める時に，よくあるのは「1日から」とか「16日から」，あるいは「月曜日から」等である。これは給与の「締めと支払日」との関係，そして「きりがいい」という理由からである。

　しかし復帰直後は周囲が思う以上に疲れるものである。そこで休日の前日（金曜日，祝祭日の前，お盆休み）に復帰するという方法

がある。大相撲でも休場明けの初日に勝てば「よし，いける」と思うらしいが，それと同じである。

## （Q 14）休職中と，復帰時に気をつけること

　復帰可否の判断で大切なことは，「労務提供義務」の履行が可能かどうかである。しかし医師の「就労が可能」の判断基準は，「本人の症状が消失あるいは軽減」＋「復帰への意欲がある」＋「生活習慣の回復」である。つまり両者の判断基準が，そもそも違うのである。また復帰についての最終的な判断は医師が行うのではなく，会社が行うべきものだが，これには２通りの考え方がある。

　①休職前の仕事ができるようにならなければ，復職は認めない。
　②元の仕事はできなくても，社内の他の仕事ができる，もしくは近い将来に元の仕事ができるようであれば復職できると判断し，復職を認めるべきである。

　通常は①の考え方である。②は「職種や職務内容が特定されていない場合で，休職前の業務に就くことができなくても，その能力・経験・地位・企業の規模・業種・労働者の配置・異動の実情や難易等を考慮し，当該従業者が遂行できる別の業務があり，かつ従業員がその業務に就くことを申し出た場合には復職を認めるべき」という判決（片山組事件）によるものである。裁判では，この②の考え方を採用するので，復帰時は②の可能性も検討して記録に残しておくのがよい。

## （Q 15）うつ病を職場に打ち明けるべきか

　「病気を隠し続けるのがつらい。打ち明けて楽になりたい」，そう考えるのも無理はない。しかし，話した後で，後悔する人が実際には多いだろう。なぜならば，会社は「うつ病」と聞いて，「自殺されたら会社の責任になる。退職勧奨して辞めてもらおう」と，あなたを守るより会社を守ろうとする。だから自分の勤務成績が著しく劣っていないのであれば，黙っていたほうが得策である。

しかしあなたの仕事が運転業務，例えば一日中車を運転するような営業，あるいはバスやタクシーの運転手，介護の送迎運転手等の場合は話が別だ。睡眠薬や安定剤で運転に支障が出ることも考えられる。まずは主治医によく相談することである。

**（Q 16）長期休職後の「職場復帰の原則」とは**

「長期」の定義は諸説あるが，入院時食事療養費では「90日を超えて入院すると長期となる」と規定されている。さらに公務員は90日までが「病気休暇」で，90日を超えれば「病気休職」という分限処分になることから，「90日」が一つの区切りとなっている。

さて職場復帰であるが，「元の職場に復帰」を原則とする。その理由は「異動は，培った業務スキル＋人間関係の両方の喪失」であり，「この2つを異動先で最初から積み上げる」ことは大きな負荷になる。それが疾病の再発や再燃に繋がると考えられる。そこで精神疾患で職場復帰する場合には，

　①元の職場に復帰させる。
　②異動の場合は，最初に元の職場に復帰させ，仕事のペースが戻った後に配置転換や異動を命じる。

という方法を採るのがよい。

例外は，休職の理由が「異動や配置転換，職場内の人間関係，ハラスメントによる」場合である。その場合は適応していた以前の職場に戻すか，他の適応可能と思われる職場への異動を考慮する。それでも適応できない時は，「職場の問題」ではなく「個人の問題」と判断される。また毎年のような異動は周囲に，「簡単に異動できる」と思わせてしまうので得策ではない。

**（Q 17）復職の受け入れ側社員に，どこまで話せば**

復職は本人だけでなく，実は受け入れ先の従業員にも大きなストレスである。なぜかというと受け入れ先の従業員は，本来の業務をこなした上に，復職者の業務補助や点検をする。つまり単純に業務

量が増えることになるからである。

　また管理監督者が，受け入れ先の従業員に復職者の情報を伝える際には，あらかじめ本人の承諾を得ることはもちろんだが，傷病名は言う必要はない。

　・「体調を崩して療養されていました」
　・「復職直後は疲れやすいので，当面残業や休日出勤は命じない予定です」
　・「復帰後も服薬や通院を継続するので，早退する日があります」
　・「飲み会，親睦会に誘う場合は，負担にならないように配慮をしてください」
　・「復職したから完全に元通りというものではないので，当面は配慮が必要です」
　・「しばらくは残業・休日出勤は命じません。しかし就業上の配慮以外の特別扱いは不要です」

　等の説明をすればよい。

　就業上の配慮の例
・短時間勤務
・軽作業や定型業務への従事
・残業・深夜業務の禁止
・交替勤務制限
・危険作業，運転業務，高所作業，窓口業務，苦情処理業務の制限
・フレックスタイム制度の制限または適用
・転勤についての配慮

## （Q 18）部下の職場復帰に際して注意すること

　安全配慮

　うつ病で自傷・自殺が多いのは，休職中の特に復帰前と言われている。そこで「改訂心の健康問題により休業した労働者の職場復帰支援の手引き」（厚生労働省のサイト）を参考にしながら，事故を発生させないように気を配る必要がある。

　再発・再燃防止

再発とは，回復した後に再び「うつ病」になることである。一方の再燃とは，回復前に症状がぶり返すことである。とくに職場復帰の時期は，特に再発や再燃が起こりやすいと言われている。うつ病の再発率は，１年以内で４〜５割，そして再発を繰り返すほど回復率が低下するらしい。だからこそ再発・再燃させないような支援が必要である。

連携

管理職は，部下の休職から復帰に向けての支援を一人で抱え込む必要はない。本人，人事，主治医，産業医，家族などと協力体制を築き，職場復帰を進めればよいのである。

ハンディキャップが見えないこと

骨折後に車椅子で職場復帰した社員に，階段を上れという命令を出す上司はいない。しかし精神疾患は障害が見えないので，休職前と同じように「報告・連絡・相談」をしないことに立腹して，叱りつける上司がいる。この「ハンディキャップが見えないこと」を，周囲は知っておく必要がある。

同じ病名でも対応が違うことが

現在の診断基準では，内因性の重症のうつ病も，比較的軽いストレス要因による「うつ」も，性格要因の強い「うつ」も，同じ「うつ病」という診断である。また「重篤」であっても「軽度」であっても，同じ「うつ病」である。

しかし実際の対応法はタイプ別で大きく違うので，画一的な対応にならないようにしてほしい。また復職が近くなれば本人の同意を得た上で（個人情報保護法），主治医と面談し，「職場復帰で気をつけることは何ですか？」と訊ねておくとよい。そのことで，医師の会社への印象が少なからず好くなるだろう。

休職期間の意味

医学的には「病気の治療と健康の回復期間」，労働法的には「解雇権の履行が猶予される期間」ということになる。本人はもちろん上司は，最初に会社の「就業規則」を確認しておこう。「休職期間」がどれだけあるのか，さらに「同一疾病で数回にわたり休職，復職

を繰り返した場合の休職期間の合算制度」の有無，そこを確認する必要がある。つまり「休職期間満了（解雇）まで，残り何日あるか」ということを医師は知らない（知る術がない）。だからこそ診察時にきちんと「通算制度により，残り○日」または「自分の会社では休職期間は 6 カ月ですが，復帰訓練を 1 カ月受けなくてはならないので自宅で療養できるのは 5 カ月です」と，主治医に自分で伝える必要がある。それをしないと，いきなり「6 カ月の病気休暇診断書」を書く医師もいる。それは会社に，「退職」を確定させてしまうことになるので要注意である。

### （Q 19）無料で復職支援が受けられる施設

　障害者に対する専門的な職業リハビリテーションサービス，事業主に対する障害者の雇用管理に関する相談・援助，地域の関係機関に対する助言・援助を実施する施設として，全国の都道府県に独立行政法人高齢・障害・求職者雇用支援機構「地域障害者職業センター」が設置されている。これは雇用保険加入事業所をメンタルヘルス不調で休職している人が対象で，うつ病などによる求職者を対象にした復職支援を無料で受けることができる。

### （Q 20）うつ病支援のポイントを教えて欲しい

　うつ病の治療と援助

　従来の定型うつ病の治療は「休養＋服薬」が基本であり，「励まし」は禁忌とされていた。しかし，最近の「新型」とか「未熟型」とか呼ばれる非定型のうつ病は，薬物はあまり効かない。さらに休職中に旅行やコンサート，スポーツに出掛けることも多い。「定型うつ」の従業員と較べると，「仮病」にしか思えない。しかし，叱りつけると逆効果になる。そこで主治医と緊密に連携し，その指示のもとでの「励まし」にすることが大切である。また病気を理由に遅刻や欠勤を繰り返す場合には，就業規則に基づいて休職を命じることを検討する。

## （Q 21）こんな従業員には要注意

　従業員に次の行動があれば，人事担当者・産業保健スタッフ・職場の管理監督者で情報を共有し，同じ方針で対応するべきである。たまに「説得なら私に任せとけ」と，説得自慢の上司が説得を試みる場合を散見するが，間違いなく要求をエスカレートさせてしまい失敗する。やめたほうがいい。

- 主治医の「職場の環境調整が必要」等の診断書を盾に，自分の異動を求める。
- 病気になったのは上司のせいだと，上司の懲罰を強く求める。
- 診断書を提出せずに，「主治医が復職可能といったから復帰を認めろ」と訴える。
- 診断書をとるよう会社が命じたのだから，費用は会社が支払うべきだと要求する。
- 頻繁に通院先を換える（望み通りの薬と診断書をくれる医師を求めて渡り歩く）。
- 休職と職場復帰を繰り返す。無断欠勤と，当日休を繰り返す。

## （Q 22）休職中の従業員が，ゴルフコンペで優勝したと新聞に

　従来のうつ病の典型的な症状は，抑うつ気分や自責の念，罪悪感，気力や思考力の低下であるが，「新型うつ病」は好きなことなら調子が良く，嫌いなことなら調子が悪くなるという特徴がある。つまり「仕事中だけ，うつ病の症状を呈し，会社を離れたら元気になる」という傾向がある。

　行動は自己中心的かつ他罰的で，従来のうつ病の「自責的」「他人中心主義」傾向とは全く対照的である。「新型うつ病（未熟型うつ病）」で特徴的なのは，休職中に海外旅行に行ったり，ゴルフに行ったり，職場の慰労会に来てみたり等，仕事以外では非常に元気で，上司や同僚からみると「病気は仮病」「怠けている従業員に休暇や傷病手当をあげる必要はない」となる。当然，職場の士気は下がる。

　このような場合の対策は，「休職期間中は，病気を治すことに専念する」という「療養専念義務」が従業員にはあることを，休職手続き前に本人に伝えておくことだ。

「休職期間の趣旨は病気を治すことだから，そうでない行動があれば休職は認めない」ということを先に提示しておくのである。それでも「気分転換をしなさいと医師から勧められました」と弁解や抗議する従業員がいる。そこでも「ふざけるな！」と，怒鳴ってはいけない。怒鳴れば「怒鳴られて病気が悪化した」「パワハラだ」と，間違いなく騒がれる。この場合も先に「もし転地療法やコンサート，旅行が治療上必要であると医師の指導があるならば，こちらから医師に確認するので，自分で判断しないで」と釘を刺しておく。

### （Q 23）「新型うつ病」の見極め方法は

　正式には，そういう診断名はない。あくまでも診断名は「うつ病」である。しかし従来の「うつ病」（定型うつ病）への対応とは違うので，「新型（未熟型）」と呼んでいるのである。この新型うつ病の特徴に当てはまるようであれば，「叱らない」「無理させない」ようにし，人事や産業保健スタッフと情報共有をするのがよい。また復職後に，休んだり出勤したりが続くようであれば，「確実にフルタイムで働けるようになるまで再び休職する」，あるいは「業務を軽減して通院しながら治していく」のかをきちんと話し合うのがよいだろう（表1）。

### （Q 24）「診断の困難性」について

　「医師の『復帰可能』との診断書を信じて復帰させたのに，全く仕事にならない。医師の診断書は全く信じられない」と怒っている人事担当者も少なくない。

　そもそも診断書は通常1カ月単位で，回復程度をみて書くことが多い。受診日に「まだ眠れません」「まだ意欲が湧きません」と医師に言えば，診断書は追加（延長）となることが多く，本人や家族の希望，意向がかなり反映されるのは間違いない。医師は患者を守る役割がある。実際に「患者の復職に配慮して診断書の表現を弱めて書く」という医師が9割いるというデータもあると聞く。つまり主治医の診断書だけを判断材料として復職を決定すると，このように

表1　新型うつ病と従来型との違い

| | 新型うつ病 | 従来型うつ病 |
|---|---|---|
| トラブルの原因は | すべて他人のせい | 自分が悪かった |
| 気分の浮き沈み | 浮き沈みが激しい | 継続して沈む |
| つらい時間帯 | 夕方 | 午前中（日内変動） |
| 悪化する場所 | 仕事中 | 関係なし |
| 休日の気分 | 元気 | 関係なし |
| 食事 | 過食 | 食欲不振 |
| 睡眠 | 仮眠（寝すぎる） | 不眠傾向 |
| 病気のことを | 周囲に話す | 周囲に隠す |
| 薬 | 抗うつ薬が効きにくい | 抗うつ薬が効く |

復帰後の勤務態度とあまりに隔たるということが起こる。また「患者・主治医連合」vs「産業医・会社連合」で，対立しないよう留意することも大切である。


## （Q25）事態を悪化させない付き合い方

　休職後に性格が突然攻撃的となり，何かにつけて労働基準監督署や裁判所に「訴えてやる」と主張する従業員がいる。こういうタイプには，頭ごなしに「あるまじき行為」だと真正面から批判・説教すると，火に油を注ぐことになる。対応方針を事業所内で統一することが肝心である。


　対応の手順
①感情を抜きにして，5W1Hで状況を関係者からヒアリングして記録する。
②職場の上司・人事担当者・産業医で情報を共有する。
③個人情報の取り扱いをした上で主治医と情報共有する（処方薬の調整で収まる場合もある。例えば「うつ病からの躁転」）。
④対応方針を決める。
⑤まずは本人に注意と指導をして，それで行動が変わるか否かを観察する。

⑥主治医や外部 EAP の意見を聞いてみる。

⑦所属部署が病まないように上司を支える。

社員への対応

①相手の物の見方は，相手にとっての「真実」であるので，真正面から否定しない。

②相手が行動を改めない時でも「反省しない」のではなく，不安や恐れが強いからだと考える。

③だから批判や説教よりも「効果的な振る舞い方」を示すことが大切である。

④「全部改めないと解雇」ではなく，「小さな変化や改善を受け入れる」姿勢が大切である。

⑤相手のペースには巻き込まれず，こちらが譲れない点を明確に示しておく。

### （Q 26）医療費を節約する方法

　一般的には休職になると，給与の代わりに傷病手当を請求する（最大１年半）ことになる。この額は標準報酬月額の３分の２であるので，住宅ローンや子どもの教育費等で余裕のない時期と重なると，生活はかなり厳しい。そこに治療費（交通費＋医療費）が必要になるのだから，わずかでも出費を抑えたいところである。そこで次の制度を利用してみてはどうだろう。

　精神障害者保健福祉手帳の取得

　手帳の取得によって医療費は安くはならないが，「所得税や住民税の所得控除」「相続税の障害者控除」「携帯電話の基本料金の割引」「バス料金の割引」「美術館や映画館の入場料割引」「失業した場合の雇用保険の失業給付支給日数の拡大」「退職して再就職する際に障害者雇用の枠でも仕事が探せる」等のメリットがある。つまり収入は増えないが，全体として節約できるという方法である。

　対象は，うつ病や躁うつ病，統合失調症，高次脳機能障害，発達障害と診断されて６カ月以上経過していることだが，申請には診断書が必要なので，まずは主治医に訊ねてみて欲しい。

　一方デメリットとしては，携帯電話も不要，バスにも乗らない，映

画も見ない，失業もない，税金を安くすることもしない場合にはメリットがない。また稀に手帳取得後に「自分は障害者なのだ」と悲観する人がいないわけではない。

自立支援医療費制度を申請する

通常は健康保険を使って，医療費の３割を自己負担として医療機関に支払うはずである。しかしこの制度を併用すれば，届け出た精神科や心療内科においての医療費〈診察代と薬代〉は，原則１割になる。さらにデイケアに通うことになれば，医療費と交通費でかなりの出費となる。そこでこの制度を使ってみてはどうだろう。いずれも地域の区市町村の役所が窓口である。また一度手帳を取得したとしても，２年の有効期限があるので，更新手続きをしなければ失効する。つまりどうしても抵抗があるならば,「再就職までの期間限定」として利用してはどうか。さらに手帳についても受けたいサービスだけに提示すればいい。

## 2　精神保健福祉編

資格試験に合格し無事に就職したとしても，それで一生安泰というわけではない。これから何十回,何百回と「もう辞めてやる」と呟き，辞表を引き出しに用意しながら荒海を航海することになる。そこで航海の羅針盤として，Ｑ＆Ａを作ったので参考にして欲しい。

**（Ｑ１）雑用ばかりで嫌になる（２年目の精神保健福祉士）**

何でもできるのがソーシャルワーカーの専門性。

「国家資格なのに雑用ばかりさせやがって」「同じ国家資格である薬剤師や作業療法士は，全然雑用していないじゃないか」ということだろう。私は公認心理師資格の取得前は，精神保健福祉士として７つの職場，民間病院や行政で働いてきたので痛いほど気持ちはわかる。精神保健福祉士資格ができるまでは，どこでも「無資格の専門家」と呼ばれて事務員や看護助手として，相談室もないまま働いていたものだ。かくいう私も職員送迎の運転手，死後の処置，看護助手としての夜勤，老人病棟のおむつ交換に汗を流していた。ひた

すら国家資格の誕生を待ちわびて，福祉以外の専門性も高めようと「精神分析」や「集団療法」「家族療法」や「催眠」等の研修会に週末は足を運んだものだった。

　雑用については，私が過去に勤務した病院の院長先生は次のように語っていらっしゃった。

　「心理師はプライドが高いので扱いづらいんだよね。その点精神保健福祉士は事務もできるし，カウンセリングなどの心理もできる，そして病院全体の運営もできる。助かるよ」

　しかし，すべての精神保健福祉士がそんなに器用ではないし，逆にすべての公認心理師が扱いにくいわけでもない。つまりあなたから待遇改善を申し出ても，状況は悪くなることはあっても良くなることはないだろう。ズバリあなたがすべきことは，「この病院に何が必要なのか」「患者さんや地域は何を病院に望んでいるのか」「医師や事務は自分に何を期待しているのか」「看護師や作業療法士，公認心理師は自分がどのように動けば仕事が捗るのか」を考えて，それを実行することだ。今のあなたは，まるで野球の二軍登録選手が結果を残さないまま監督に，「一軍の試合に出してくれ」と要求しているように思えてならないのである。

　と言ったものの，精神保健福祉士だけが，仕事でもないわけで，あっさりと転職してみてもいいかもしれない。

## （Ｑ２）「業務独占資格」と「名称独占資格」の違いとは

　「業務独占」の資格とは，弁護士，司法書士，医師，看護師，理学療法士，作業療法士，臨床検査技師，診療放射線技師，その他多数で，その資格を有する者でなければ携わることを禁じられている，まさに業務を独占的に行うことができる資格のことである。

　次に「名称独占」の資格であるが，これは栄養士，介護福祉士，管理栄養士，公認心理師，社会福祉士，精神保健福祉士，調理師，保育士，保健師，ピアノ調律技能士，その他多数で，その業務を行うにあたって「資格」は必要ではないが，有資格者以外が当該資格名を使うことは法律で禁じられている資格のことである。はっきり言

えば，名刺や履歴書に資格を書いて名乗れるだけのことで，「精神保健福祉士です」「公認心理師です」と名乗らなければ，誰がその仕事をしてもいいのである。

　だから小さな精神科クリニックでは，看護師がカウンセリングをしたり，事務職員が障害年金や自立支援医療（精神通院医療）について説明することもある。

　このように，医療は圧倒的に業務独占資格所持者が多い社会なので，名称独占の公認心理師や社会福祉士，精神保健福祉士は，大変肩身が狭い。

## （Q3）「主治医が話を聞かない」と聞いたので，別の病院を紹介したのだが（保健師）

　主治医と，どういうやりとりがあったのだろうか。いきなりその医師を「悪い先生」と決めつけたような気がする。「話を聞かない」というのが，「話ができる時間が短い」ということであれば，残念だがどこでもそんなものである。あるいは「話に共感・同意してくれない」ということならば，患者を粗末に扱う人のようにも思える。しかし，患者さんが迷惑行為や自傷行為を繰り返して，それを「他者がすべて悪い」という人の場合には，医師は意図的に話を打ち切った可能性がある。その場合，いわゆる精神療法であった可能性はある。だからこそ，どういったやりとりがあって，「医師が話を聞いてくれない」と思ったのか，保健師であればそこは聞いて欲しかった。また患者さんが他所の病院にこっそり替わると，「うちの患者を盗った」という声になるのが，この業界である。それを避けるために最近は「必ず紹介状が必要です」という病院も多い。

　また「私は今の先生で良かったのに，保健師さんが病院を替えろと命令したので」と責任転嫁されることもある。もし，こんな話が元の医師の耳に入れば激怒され，所属先にクレームが入るのは間違いない。

180

**（Ｑ４）障害年金について教えて欲しい**

　年金の対象となる傷病と，ならない傷病がある。

　１）精神障害で年金の対象となる傷病名

　統合失調症，躁うつ病，非定型精神病，てんかん，中毒性精神病（アルコール，薬物），器質精神病（頭部外傷，脳炎・脳膜炎による後遺症，進行麻痺，初老期・老年期の精神病，認知症疾患，脳血管性疾患，錐体外路性疾患など），知的障害（精神遅滞），発達障害が対象となる。

　２）年金対象とならない傷病名

　境界性パーソナリティ障害は対象外であるが，偽神経症性統合失調症か境界型統合失調症というニュアンスであれば，状態像の欄に統合失調症の症状を記載し，「境界性パーソナリティ障害（偽神経症性統合失調症）」として申請すれば，可能性はあるようだ。「覚せい剤による精神病」は，違法薬物によるものなので，自己責任として対象外である。また「アルコール依存症」は対象外だが，「アルコール性精神障害」となれば，対象である。「神経症」「心因反応」は永続的ではなく，治癒可能な傷病とされているので対象外である。「ヒステリー」は，通常対象外であるが，長期にわたって精神病様状態を持続していれば対象となる。「摂食障害」は対象外である。「自閉症」は，早期幼児自閉症と思われ，20 歳前に初診があれば精神遅滞に準じて対象となる。「てんかん」は，抗てんかん剤の服用により発作が抑えられていれば対象外。発作が１週２回以上繰り返すこと，精神症状が記載されていれば対象となる。

　「発達障害」は，発達障害による抑うつ状態，ひきこもり，社会不適応の状態により，就労および日常生活に支障が出ている場合に，障害年金の対象となる。

　つまり１）の傷病名で，障害の程度が法律で定められた程度で，保険料の納付要件を満たしていれば，障害年金を受給できることになる。

　３）誰が診断書を書けるのか

　精神障害の年金診断書は，傷病の性質上，原則は精神保健指定医

または精神科を標榜する医師が記入することになっている。ただし，てんかん，発達障害，知的障害（精神遅滞），認知症，高次脳機能障害など診療科が多岐に分かれている疾患の場合は，小児科，脳神経外科，神経内科，リハビリテーション科，老年科などを専門とする医師が主治医であれば，これらの科の医師であっても，精神・神経障害の診断または治療に従事している医師であれば記入可能である。

　4）初診日

　最初に受診した日を「はじめて医師の診察を受けた日」に記載する。初診の医師は精神科でなくてもよく，内科や小児科の医師でもよい。また保健所や大学の保健管理センターでも医師が診察していれば，初診日となる。私の記憶では20歳前初診で申請すべき患者さんに，精神科での初診が20歳前に見つからず，やむなく「眼科」や「整形外科」を初診として申請したということがあった。

　5）「障害が治った日」とは

　「障害が治った」という意味は「治癒」ではなく，「固定した」という意味で，通常は初診日から1年6カ月を経過した日のことである。もし医師が「症状が固定していない」と判断した時は，ここは空欄にして，隣の「よくなる見込み」を「不明」とする。頭部外傷やアルツハイマーは不可逆性の状態にいたったと考えられるので（元には戻らない），1年6カ月以内でも認定日とできる。脳血管性認知症では，初診日から6カ月以上経過していれば，症状固定日を認定日とできる。

　6）「障害の状態」の記載について

　日常生活能力の判定については，病院や施設のようなケアが行き届いた環境ではなく，家庭に戻した場合にどれだけ家族の援助を必要とするのか，社会生活にどんな困難が伴うかを推定して記載するようになっている。つまり「一人暮らし」を想定しての判定なので，病院や施設で「ご飯の時間だよ」「お薬の時間だよ」と呼ばないと部屋から出てこないのならば「援助があればできる」となる。

　統合失調症の2級とは，「残遺状態（回復しても一部の症状が残ること）または病状があるため人格変化，思考障害，その他妄想・幻

覚等の異常体験があり，日常生活が著しい制限を受けるもの」とある。

つまり，ある程度の身辺自立はできているが時に何らかの援助（助言・指導）や保護を必要とし，対人関係能力，金銭管理能力，稼働能力など社会生活を送るための能力が低く，困難をきたす程度のものと解されている。認定の基本的考えとして2級では，「労働により収入を得ることができない程度のもの」なっている。

7）医師にお願いしておくこと

通所授産施設などで月額数千円の賃金で働いていても，あるいは月に数回アルバイトをしていても「○○で就労している」と診断書に記載されると，年金請求が却下されることがある。このことを踏まえて「働いている」や「就労している」という表現は慎重に記載してくださいとお願いする必要がある。

私は通所授産施設であれば「通所している」，就労支援事業であれば「訓練中である」「福祉的就労である」と明記して欲しいと医師にお願いをしていた。

そしてアルバイトやパートは，不定期で不安定な就労なので労働困難としてもよい。もし「就労している」と記載するならば，健常者と同一条件，同一業務で最低賃金を超えている必要がある。しかし実際には正社員と言っても驚くほどの賃金格差があり，その旨を診断書に記載しておくといいだろう。

8）「現症時の日常生活能力および労働能力」の記載について

国民年金は「日常生活」を重視し，厚生年金では「労働能力」を重視する。私は医師に次のような例文を提示したことがあった。

例文（ア）家庭内での単純な生活はできるが，被害妄想のため家人の指示に従えないことも多い。労働は長続きせず，ほとんど就労不能と考えられる。

例文（イ）身辺のことは自分でするが積極性に欠け，指示に従って行うのみである。動作も緩慢であり，労働能力は極めて低下している。

例文（ウ）長期に渡る療養生活のため，社会全般の能力が低下している。全般的に生活の意欲に欠け，就労は極めて困難である。

9）初診時と現在で傷病名が違う場合

初診証明（受診状況等証明書）では「自律神経失調症」や「心因反応」と言われていたのに，現在の病院では「統合失調症」と診断されている。このようなことは珍しくない。方法は現在の主治医に別紙（添え書き）をつけてもらうか，診断書の中に次のように書き加えてもらえないか頼むことが多い。

「○歳頃の初診では△△とあるが，その後の経過から考えれば統合失調症の初発と考えることが適当である」という一文である。

10）障害年金の勧め方

我が国は申請主義が原則であり，初診から1年半経過したからと言って，自動的に障害年金が支給されるものではない。しかし，こういった制度を知らない人も多く，また受給したことで偏見の対象になるのではないかという思いから申請しない人もいる。

またよくある誤解としては，「年金をもらったら働いてはいけない」「結婚ができない」「施しは受けない」「入院中の人しかもらえない」「近所に知られる」というものである。しかし私が障害年金を勧める時に慎重になるのは，「一生治らないから，年金申請しなさい」と受け取られるのではないかということだ。その人の気持ち（本音）を汲み，一般的な言葉「所得保証として」「権利として」「障害と病気の共存」を控えて，焦らずに何度も話をしたことがある。納得してもらうのに2年や3年かかったこともある。


（Q5）精神障害でもらえる手当や制度はあるか（民生委員）

20歳未満には「特別児童扶養手当」がある。

特別児童扶養手当

20歳未満の精神または身体に障害のある児童を扶養する父母または養育者に対して支給される。

1級（重度）で月額52,500円，2級（中度）で月額34,970円。障害基礎年金の1級，2級とほぼ同じ障害程度と言われている。20

歳までは特別児童扶養手当をもらい, 20歳以降は障害基礎年金をもらえばよい。原則として毎年4月, 8月, 12月に, それぞれの前月分までが支給される。

受給資格者（障害児の父母等）もしくはその配偶者または生計を同じくする扶養義務者（同居する父母等の民法に定める者）の前年の所得が一定の額以上であるときは, 手当は支給されない。

特別障害者手当

20歳以上で精神または身体に著しく重度の障害があり, 日常生活において常時特別の介護を必要とする人（最重度）に支給される。支給月額は27,350円。支払時期は原則として毎年2月, 5月, 8月, 11月に, それぞれの前月分までが支給される。

障害年金との併給は認められているが, 障害年金も含めた本人の所得制限, 扶養義務者の所得制限があり, その他に福祉施設に入所中の人, 病院や診療所に3カ月以上入院している人は除かれる。グループホームは対象に含まれる。

「常時特別の介護を必要とする状態」とは, おおむね身体障害者手帳1～2級程度, もしくは療育手帳と重複している状態, またはこれらと同等の疾病・精神障害がある状態である。「認知症状＋寝たきり」の認知症老人は, 対象になる。

障害児福祉手当

精神または身体に重度の障害を有し, 日常生活において常時介護を必要とする20歳未満の障害者に対して支給される。特別児童扶養手当を受けている障害児のなかでも, 特に重度の障害児（年金1級相当, 身体障害者手帳1～2級相当, 療育手帳A相当）に支給されるものである。

支給月額は, 14,880円で毎年2月, 5月, 8月, 11月に, それぞれの前月分までが支給される。所得制限はある。

自立支援医療（精神通院医療）

統合失調症, 躁うつ病, うつ病, てんかん, アルコール依存症, 認知症, 精神遅滞等の精神疾患の治療で医療機関に通院する場合に, 医療費（診察料・投薬・デイケア・訪問看護等）の3割負担が1割

に軽減される。有効期間は1年間で，有効期間が切れる3カ月前から更新手続きができる。

　基本は1割負担だが所得に応じて1カ月の上限額が設定されており，「生活保護は無料」「低所得1で2,500円」「低所得2で5,000円」などとなっている。窓口は住所地の市区町村の精神保健担当課。

福祉サービス利用援助事業（日常生活自立支援事業）

　認知症高齢者，知的障害者，精神障害者などで判断能力が不十分な人が対象である。サービス内容は「福祉サービスの利用に関する情報提供，申し込み，契約代行，苦情解決制度の利用手続き支援」「福祉サービス利用料の支払い代行，病院への医療費支払い，税金や社会保険料，電気，ガス，水道などの公共料金の支払い代行，日用品購入の支払い手続き，預貯金の出し入れ」「年金証書，不動産権利書，預貯金通帳，実印，銀行印等の保管」である。

　サービス料金は，社会福祉協議会ごとで違うこともあるが，「①福祉サービスの利用手続きは1回2時間で1,500円」「②生活に必要なお金の出し入れの手伝い，1回2時間1,500円」「③通帳や印鑑，大切な書類の預かりは月に1,500円」となっている。また生活保護世帯の利用料は無料，サービス提供のための実費（交通費等）は，利用者負担となっている。

障害者総合支援法による福祉サービス

　障害者総合支援法とは，「障害者の日常生活及び社会生活を総合的に支援するための法律」の通称で，障害がある方もない方も住み慣れた地域で生活するために，日常生活や社会生活の総合的な支援を目的とした法律である。対象は身体障害，知的障害，精神障害，発達障害をもつ成人と児童，300種類以上の難病である。この法律の前身は「障害者自立支援法」であるが，その時は発達障害と難病は含まれてはいなかった。主だったサービスは，「介護給付（居宅介護・行動援護など）」「訓練等給付（就労移行・共同生活支援など）」「相談支援（地域移行など）」「自立支援医療（精神通院医療など）」「地域生活支援（人員の派遣や養成など）」，その他がある。

　サービス利用料は原則1割であるが，所得に応じて上限額が設定

されている。高齢者の介護保険の「障害者版」である。

## （Ｑ6）最近の支援で苦労している話を教えて（産業保健の保健師）

　内科におけるベンゾジアゼピン系の長期投与に起因すると思われる副作用のことがある。

　私は現在，ある自治体において職員のメンタル相談を非常勤で行っているのだが，この1年くらいの間に数件ものベンゾジアゼピン系の過剰・長期投与による副作用と思われる事例にあたった。具体的には，「健忘で簡単な作業も困難になった」「真面目だったのに人柄が変わったように攻撃的になった」「衝動性の制御が困難になった」「耐性と依存が形成され，過剰摂取である」「自殺企図があった」等である。いずれの事例も特定の内科で数年に渡り投薬を受けており，また処方量も通常の2倍以上となっていた。管理監督者からの相談は，「攻撃的」「つきまとい」であり，当初の「不安」「不眠」ではなかったが，医師ではない私が「お薬手帳」を見て驚くほどの処方量であった。そこで知り合いの精神科医何人かにそれぞれを紹介し，断薬から治療を始めていただいた。現在は他の薬に変更して回復している。

　ベンゾジアゼピン（benzodiazepine）

　ベンゾジアゼピン（BZ）系薬は，睡眠薬や抗不安薬として幅広い診療科で使用されている薬である。発売当初は，比較的安全性の高い薬として信頼されてきたのだが，近年では「常用量依存」「反跳性不眠」などの副作用が危険視されている。

　ベンゾジアゼピン系睡眠薬には，ハルシオン，デパス，レンドルミン，リスミー，ロラメット，エバミール，ユーロジン，ベンザリン，サイレース，ドラール，その他，がある。

　ベンゾジアゼピン系抗不安薬には，コンスタン，デパス，セパゾン，リーゼ，エリスパン，レキソタン，メイラックス，ワイパックス，コントール，その他，がある。

　ベンゾジアゼピン系で抗てんかん薬として用いられるものは，ベンザリン，ランドセン，マイスタン，セルシン，ホリゾン，その他，

である。

ベンゾジアゼピン系の副作用
①持ち越し効果（睡眠薬の効果が翌日も続く。倦怠感，頭重感，眠
　気）。
②記憶障害（睡眠薬を飲んでから寝るまでを覚えていない。認知症
　リスク）。
③筋弛緩作用（脱力感，ふらつき，転倒）。
④常容量依存（眠れるようになるが睡眠薬を減量・中止で再び不眠。
　結果減量できず増量）。
⑤反跳性不眠（睡眠薬を一気にやめると，服用開始前より不眠が増
　強）。
⑥奇異反応（逆の効果が出ること。不安，緊張，攻撃性，脱抑制＝
　感情のままに行動）。
⑦せん妄（突発的な意識障害，錯乱，興奮，不穏。高齢者に多い）。
⑧退薬症候（長期服用後，減量・中止すると不安・不眠・ふるえ・発
　汗・けいれん。＝離脱症候）。
⑨運転操作の支障（交通事故の可能性がある）。

　強い不眠，不安を訴える事例に短期間の投与をするならば，ベン
ゾジアゼピン系薬は高い効果を示す。新しい作用機序のラメルテオ
ン（商品名：ロゼレム），スボレキサント（商品名：ベルソムラ）と
いった睡眠薬も発売されているので，長期投与となっている場合に
は，精神科の専門医に相談することをお勧めする。

## （Ｑ７）生活保護を申請しても受け付けてもらえない（社会福祉施設の指導員）

　病院に勤務している時に，入院患者の生活保護申請をすると，だ
いたい理不尽な理由で断られることが多かった。その後転職した自
治体では一切「水際作戦」はしておらず，自治体ごとで違いがある
と驚いたものである。
　そもそも「水際作戦」とは，海岸に砲列を敷いて敵の上陸を撃滅す
ることである。なぜ「水際作戦」を自治体が職員に指示するのかと
いうと，生活保護費の４分の３は国が負担するけれども，残りの４

分の 1 は自治体負担となっているからである。しかし自前の財源で足りない場合には，総務省から出る地方交付税でおおむねカバーされることが多い。ところが財源が豊かな東京都は，地方交付金はもらえず 4 分の 1 負担も自前となる。他には川崎市や，自動車工場や原子力施設の立地市町村も地方交付税不交付団体となっている。また実際の市の負担額と総務省の計算式では大きな開きがあることもあり，多額の算入不足となる自治体もある。

　水際作戦の具体例
・書類の書き間違いを指摘して申請を受理しない。
・生活保護の説明に終始し，相手が疲れたら帰らせる。
・仕事を辞めたのは，我慢が足りないからだ。甘えるなと説教して帰らせる。
・「生活保護の前にハローワークに行け」と帰らせる（これが多い）。
・「家族や親戚にまずはお願いしろ」「実家に帰れ」と説教し帰らせる。
・怒らせて「もう，いい」と申請を取り下げさせる（これが多い）。
・「申請すると戸籍に載るからやめておけ」と嘘を言う。
・「住民票がないから申請は受け付けない」という。
・パンなどを与えて帰らせる（法外対応）。

　そこで「生活保護の相談に来ました」と言わず，「生活保護の申請に来ました」と明確に言うことがまずは大切である。あとは，申請は一人で行かず，民生委員や NPO 等の支援者にお願いして同席してもらうのもいいだろう。

初出一覧

第3章「統合失調症スペクトラム障害の症状とケア」＝「臨床老年看護」15巻4号35-40頁，日総研，2008年

第4章「精神科受診を勧める際の難しさ」＝「こころの科学」115号66-71頁，日本評論社，2004年

第6章「コラボレーションのお作法」＝「臨床心理学」8巻2号192-197頁，金剛出版，2008年

第7章「地域医療における精神障害者の尊厳と理解」＝「精神療法」31巻5号12-19頁，金剛出版，2005年

第8章「アウトリーチにおける危機介入」＝「こころの科学　増刊号：実践！　アウトリーチ入門」83-88頁，日本評論社，2011年

第9章「クライエントのスキルを育むために」＝「臨床心理学　増刊第7号：カウンセリングテクニック入門」161-166頁，金剛出版，2015年

著者経歴

野坂達志（のさかたつし）

鳥取県生まれ。群馬・埼玉・広島等の民間精神科で精神保健福祉士，公立病院と自治体で公認心理師として勤務。令和3年，産業保健担当監で定年退職。

学んできた技法：精神分析，生活臨床，集団療法，内観，システムズアプローチ，エリクソン催眠，EMDR，TFT

主な著書：「家族はこんなふうに変わる」（昭和堂），「新訂 統合失調症とのつきあい方」（金剛出版，単著），「事例で学ぶ統合失調症援助のコツ」（日本評論社，単著），「家族療法のヒント」（金剛出版，共著），「高齢者のこころのケア」（金剛出版，共著），「孤立を防ぐ精神科援助職のためのチーム医療読本」（金剛出版，共編著），「カウンセリングテクニック入門」（金剛出版，共著），「実践！アウトリーチ入門」（日本評論社，共著），「生活臨床の基本」（日本評論社，共著），「ブリーフセラピー入門」（遠見書房，共著）　など

対人援助職の仕事のルール

医療領域・福祉領域で働く人の1歩め，2歩め

2023年4月15日　第1刷

著　　　者　野坂達志

発 行 人　山内俊介

発 行 所　遠見書房

〒181-0001 東京都三鷹市井の頭2-28-16
TEL 0422-26-6711　FAX 050-3488-3894
tomi@tomishobo.com　https://tomishobo.com
遠見書房の書店　https://tomishobo.stores.jp

印刷・製本　太平印刷社

ISBN978-4-86616-165-5　C0011